Além do Lucro:

Tocando o Invisível no Relacionamento Empresa-Cliente

Leonardo Barci

Além do Lucro: Tocando o Invisível no Relacionamento Empresa-Cliente

Editor: Leonardo Dias Barci
Editora responsável: Julie Anne Caldas
Revisão: Top Texto
Diagramação: Leonardo Dias Barci

Dados Internacionais de Catalogação na Publicação (CIP) (Câmara Brasileira do Livro, SP, Brasil)

Barci, Leonardo
Além do lucro: tocando o invisível no relacionamento empresa-cliente - São Paulo, SP, 2016.

1. Clientes – Contatos | 2. Clientes – Relacionamento | 3. Marketing de relacionamento | 4. Mídia social | 5. Serviços ao cliente | 6. Sucesso em vendas

14-06700 - CDD-658.812

Índice para catálogo sistemático:

1. Clientes: Marketing de relacionamento: Administração de empresas 658.812
2. Marketing de relacionamento com clientes: Administração de empresas 658.812

ISBN: 9781549875748

Copyright © 2016 Leonardo Barci
Todos os direitos reservados ao autor.

Nenhuma parte desta obra poderá ser reproduzida, copiada, transcrita ou mesmo transmitida por meios eletrônicos ou gravações, assim como traduzida, sem a permissão, por escrito, do autor. Os infratores serão punidos pela Lei nº 9.610, de 19/2/1998.

Leonardo Barci
leoanardo@barci.com.br
011 99 678 5475

Para minha avó, Isabel

Para minha mãe, Fernanda

Para minha esposa, Marianne

Inspirado nas obras de **Eva Pierrakos***

Eva foi uma médium austríaca, radicada nos Estados Unidos, que canalizou os ensinamentos de uma entidade espiritual que, posteriormente, foram compilados na obra The Pathwork Guide Lectures e constituem os fundamentos do Pathwork, um caminho espiritual de autopurificação e autotransformação envolvendo todos os níveis de consciência.

Seus ensinamentos sobre relacionamento chegaram ao autor Leonardo Barci quando ele passava por um momento de busca de sua felicidade interior. "Com o tempo, percebi que a chave para o que eu buscava ter no meu relacionamento com os outros estava em me relacionar com o meu interior. Quando nos encontramos, encontramos o outro e podemos criar com ele um relacionamento de transcendência, paz e equilíbrio, seja na vida pessoal ou profissional", conta o autor.

SUMÁRIO

PREFÁCIO..9
ANTES DE COMEÇARMOS...................................17
INTRODUÇÃO..21
1 - O QUE É RELACIONAMENTO?............................29
2 - POR QUE TER UM RELACIONAMENTO?.....................37
3 - O QUE É PRECISO?...................................43
4 - COMO COMEÇA ESSE RELACIONAMENTO....................49
5 - QUANDO A ESCOLHA É SEGUIR ADIANTE..................62
6 - POR QUE NÃO FUNCIONA...............................71
7 - COMO "CONSERTAR"...................................80
8 - COMO PERCEBER SE O RELACIONAMENTO É VERDADEIRO
....88
9 - COMO TER FORÇAS PARA SUSTENTAR A RELAÇÃO...........96
10 - "E SE MEU PASSADO ME CONDENA?"...................104
11 - COMO RESOLVER SE FICAR PESADO DEMAIS.............112
12 - E DAQUI PARA FRENTE?.............................121
13 - COMO SE PREPARAR PARA FINITUDE...................127
14 - COMO SAIR DA CURVA COM NATURALIDADE..............135
ANTES DE NOS DESPEDIRMOS..............................141

PREFÁCIO

SE há uma coisa que me move, pela qual sou totalmente apaixonada, é esta: pessoas! Amo conhecer pessoas diferentes, que vivem uma vida diferente da minha, adquiriram conhecimentos diferentes dos meus, aprenderam línguas que eu não falo, estudaram a fundo livros que eu sequer li. Amo aprender com pessoas em vez de ler livros. E sempre que aprendo alguma coisa com alguém tenho vontade de transmitir esse conhecimento para outro alguém. Mais que isso, arriscaria dizer que este é o meu dom: colocar em palavras o conhecimento, a informação ou a experiência de alguém, de forma que ela possa chegar a outras pessoas. Eu me relaciono com as pessoas por meio das palavras. E isso tem a ver com a forma como cheguei a editar este livro.

Tinha 30 anos e passava por um processo de divórcio e outro de reestruturação da minha empresa quando conheci o Léo. Leonardo Barci, autor desse livro, foi apresentado a mim por um amigo em comum, Márcio Oliveira, que estava naquele ano começando a trabalhar na youDb, empresa que o Léo havia construído. Nos conhecemos com um motivo: eles – Léo e Márcio – experts no assunto relacionamento com clientes, queriam escrever um livro sobre isso; eu, em contrapartida, não tinha nenhum conhecimento sobre marketing, mas sei escrever. Jornalista por formação, iniciei minha carreira como repórter esportiva, mas os caminhos me levaram para as páginas das revistas, veículo no qual acredito que me formei como "escritora de textos", contadora de histórias reais. É o que sou. E também apaixonada por absorver conhecimento e repassá-lo, lembra-se? Por isso aceitei o desafio que o Léo e o Márcio me fizeram na época. Sim, desafio, porque, apesar de já ter então uma bela coleção de textos publicados em revistas, jornais e sites, eu nunca havia escrito um livro. Eles, por sua vez, confiaram que eu conseguiria fazer um bom trabalho e, mais que isso, confiaram a mim o seu precioso conhecimento.

O processo de captação do conteúdo aconteceu por meio de conversas semanais que tivemos durante meses. E foi esse período em que me aproximei do Léo. Ansioso por me passar todo o conhecimento que tinha, ele quase sempre se enrolava para explicar o que estava pensando, não conseguia transformar em palavras o que de fato queria dizer. Mas, de alguma forma, ainda assim eu conseguia captar. "Isso!", ele dizia empolgado ao me ouvir "decifrando" suas ideias, e terminava quase sempre com uma gargalhada. E antes de cada conversa, de cada reunião, eu me pegava ansiosa pelo que aprenderia naquele dia. Então, entre papos, cafés, risadas e muito aprendizado, o livro Mind The Gap foi escrito e, um tempo depois, publicado e lançado. O nosso trabalho em conjunto deu certo. Mas algo muito maior aconteceu nesse período: aquelas conversas foram, para mim, um dos momentos em que mais aprendi na vida – e isso, apesar de toda a gratidão que demonstrei a eles na época do lançamento do livro, talvez o Márcio e o Léo não saibam.

Se nada do que está escrito aqui neste prefácio, que o próprio Léo pediu que eu escrevesse, fez sentido para você até agora, é hora de entender: o relacionamento que eu, como profissional e empresária, aprendi a ter com meus clientes, Márcio e Léo, ao fazer o trabalho de escrever aquele primeiro livro mudou o meu olhar para a minha vida profissional. Eu aprendi com eles muito mais do que eles imaginavam me ensinar. Eu me abri, como profissional e pessoa, a receber, a adquirir todo e qualquer conhecimento que eles quisessem me dar. Não impus regras de trabalho. Não escrevi o livro à minha maneira; o fiz para eles, por eles, pensando neles. Deixei o relacionamento com os meus clientes fluir.

Por isso tudo, o orgulho que senti ao ver o trabalho pronto foi sem medida. Orgulho não só pelo meu trabalho feito – que aprendi ser importante sentir também –, mas por ter aprendido com eles, por ver que entendi as tão valorosas lições que me passaram. Orgulho de poder dizer que aprendi sobre como uma empresa deve se relacionar com seus clientes a partir das melhores ideias que já li ou ouvi sobre o assunto – e com os profissionais mais dedicados a isso que já conheci. Não, não sou conhecedora de marketing. Mas "esse tal relacionamento com o cliente" já havia pingado à minha frente muitas vezes (afinal, sou empresária), sem, no entanto, ter conseguido me chamar a atenção. Pois o Léo e o Márcio conseguiram, e o motivo é um só: em vez de caprichar na lábia, eles capricham em fazer o melhor pelos seus clientes. E, nesse caso, ter um livro que resumisse tudo o que eles acreditavam ser importante abordar sobre relacionamento era o objetivo para alcançar esses clientes. E eles se dedicaram tanto a isso, a mim, que o resultado não poderia ser outro senão terem alcançado plenamente o objetivo. A não ser por um ponto: um livro não foi suficiente. Ainda bem!

Meses atrás, quando o Léo me procurou para dizer que tinha mais uma ideia que queria transformar em livro, meu primeiro pensamento foi: "não interessa qual ideia seja, tenho certeza de que dará um excelente livro". Bem, isso até ouvi-lo dizer o que de fato era: "Eu quero transformar em um livro alguns artigos que escrevi sobre relacionamento com o cliente com base em conhecimentos espirituais". Oi? "Como ele poderia ter tirado de um livro religioso tal aprendizado? Será que aí já não é ir longe demais?", pensei. Não. Para o Léo, ir além nunca é ir longe demais. Porque, para ele, aprender mais nunca é demais; ser um profissional melhor nunca é demais; descobrir como se relacionar de forma ainda mais completa com seus clientes nunca é demais; e, principalmente, transmitir todo o seu conhecimento sobre marketing para outros que ainda estão começando nunca é demais. Sorte a minha poder ser o meio dessa transmissão.

Ao editar este livro, mais uma vez aprendi além do óbvio. Aprendi que, quando estamos abertos para receber conhecimento, ele vem. De onde quer que seja. Aprendi que tudo que tentamos fazer neste mundo terreno – e isso inclui sermos bem-sucedidos como profissionais e empresários – não terá sucesso a menos que olhemos para o mundo espiritual que está em volta e dentro de nós. Aliás, de quebra, ao ter acesso a todo esse conhecimento, ainda aprendi como posso melhorar o relacionamento da minha empresa com os meus clientes. E, mais de quebra ainda, aprendi que posso ser e fazer mais e melhor pelo meu casamento – sim, aquele divórcio que citei no início do texto aconteceu, mas me casei de novo.

Portanto, se ao ter acesso a este livro você se perguntou se ele vai lhe ensinar como criar um bom relacionamento com seus clientes, de forma a gerar resultados para sua empresa, a resposta é: não; ele é capaz de muito mais que isso. Apesar do nome segmentado, Além do Lucro – Tocando o Invisível no Relacionamento

Empresa-Cliente é um verdadeiro espelho, que capta e reflete profundamente não só o profissional, mas a pessoa que o lê. Portanto, este livro não lhe ajudará apenas a entender melhor sobre relacionamento com o cliente. Ele lhe ajudará a entender melhor sobre você e sobre o seu relacionamento consigo mesmo, com a sua família e amigos próximos, com a sociedade em que está inserido e com o mundo, o lugar em que você vive. E então, ao ter entendido melhor tudo isso, você poderá fazer a escolha de ter com os clientes de sua empresa um relacionamento saudável – ou não – e que gere frutos – ou não –, levando-o para uma vida profissional de sucesso e dignidade – ou não.

Não será uma jornada fácil, é verdade. Porque aprender muitas vezes significa admitir erros, mudar coisas que não queríamos. Mas isso é relacionamento. E sua beleza é o poder de nos fazer crescer, evoluir. No entanto, é preciso estar preparado para isso. Ao se permitir a experiência de ler este livro, você viverá a experiência do relacionamento em si. Além do Lucro – Tocando o Invisível no Relacionamento Empresa-Cliente é como um simulador de voo: leia-o, absorva-o, permita-se ser impactado pelos valiosos conhecimentos passados aqui pelo Léo, e você estará pronto para escolher se relacionar – com o seu cliente, com os seus funcionários, com o seu cônjuge, consigo mesmo, com o seu espírito...

JULIE ANNE CALDAS
JORNALISTA, REDATORA, PROPRIETÁRIA DA TOPTEXTO E ORGULHOSAMENTE EDITORA DESTE LIVRO.

ANTES DE COMEÇARMOS

"ANTES de começarmos nossa jornada rumo ao desconhecido, gostaria de convidar você para transformarmos esta leitura em uma oportunidade de diálogo.

Se de alguma forma este material chamar sua atenção e você quiser aprofundar seu estudo e conhecimento, convido você a acessar minhas principais páginas nas redes sociais ou mesmo diretamente através de meu e-mail.

- **Blog na Exame** - http://exame.abril.com.br/blog/relacionamento-antes-do-marketing/ - que escrevo semanalmente juntamente com meu sócio Marcio Oliveira

- **Linked-in** - www.linkedin.com/in/lbarci/

- www.youdb.com.br – página web da **youDb**, empresa que fundei, com objetivo de contribuir com um melhor relacionamento entre Empresas e Clientes

- www.facebook.com/youDb/ - página da **youDb no Facebook**

Desejo a você a partir de agora uma experiência tão gratificante em sua leitura quanto foi para mim escrever este livro.

Leonardo Barci
leonardo@barci.com.br

INTRODUÇÃO

"**SE** a vida é uma escola, o relacionamento é a universidade." Acho essa frase um tanto verdadeira quando se trata de relacionamentos. Relacionar-se significa que, em uma determinada interação, teremos sempre apenas parte da pergunta ou da resposta. É a oportunidade que temos de que 1 + 1 seja = 3, quando "1" está dentro de um relacionamento. Matematicamente impossível, é verdade. Mas relacionamento não é algo apenas racional.

Muito do que coloco no papel a partir de agora tem sido a prática e a experiência dentro de minhas relações pessoais e no dia a dia com as empresas. Descobri que se aprofundar nos relacionamentos não é algo para todos nem para todas as empresas. É, em primeiro lugar, uma escolha. **Uma escolha consciente.**

Afinal, se eu lhe disser que embarcando neste caminho a única garantia é não ter mais garantia nenhuma, ainda assim você embarcaria? Relacionamento é um portal. Assim como a pintura, a música, a dança, as artes marciais e tantas outras expressões humanas, relacionamento é também uma porta para o divino.

Diferentemente da ideia que algumas empresas no mercado vêm apresentando, relacionamento não é algo sistemático, que possa ser organizado passo a passo, empacotado e depois revendido aos montes.

Existe um desafio bastante profundo quando se fala de relacionamento entre empresa e cliente, que segue a mesma lógica das relações humanas. Cada pessoa dentro da relação é única, diferente da(s) outra(s). Existem sempre similaridades, mas elas cessam no momento em que a relação começa a se aprofundar de verdade. **Cada um de nós é um universo, e o relacionamento é a expressão de uma divisão inicial.** Uma divisão quase inconsciente, se assim posso dizer.

Para entender o marketing e o relacionamento entre empresas e clientes, é preciso também entender um pouco sobre a história humana. No início.... Bem, no início não havia empresas! Assim como não havia clientes.

Usando nosso próprio planeta como referência, se olharmos para qualquer tribo contemporânea, isto é, onde a organização social ainda é pouco estruturada e as relações humanas e com o meio ambiente são a base, veremos que não existe uma grande distância entre as pessoas ou entre elas e o seu entorno.

De forma geral, a história tem evoluído mais ou menos assim: as tribos crescem e, com isso, começam a se formar as primeiras cidades ou sociedades estruturadas. Chega um momento em que não dá mais para todo mundo fazer tudo. Alguém se detém no estudo e nas aplicações da divisão do trabalho a ser realizado. Essa divisão leva a alguma forma de troca (negociação) de produtos e serviços, que evolui para algo mais prático. Algum tipo de moeda ou dinheiro então surge. O dinheiro traz a possibilidade de uma troca cada vez mais rápida. Alguém nesse meio do caminho tem o insight de criar uma linha de produção. Outro descobre que sistematizar as coisas agiliza essa produção. E começamos então com a chamada era industrial.

Enquanto tudo isso ocorre, meio que silenciosamente surge junto uma figura que somente lá na frente será reconhecida, já que a busca frenética por crescimento vai deixando de lado a importância de sua contraparte. Sim, falo daquela figura já quase esquecida durante esta história: **O CLIENTE!**

O que poucas empresas foram se dando conta enquanto olhavam para o seu próprio crescimento é que elas só existiam porque alguém comprava os seus produtos ou serviços. Empresa e cliente nascem no mesmo instante. Um não existe sem o outro. Ainda que tudo isso tenha sido uma criação humana, os dois – empresa e cliente – são um, consequência do outro.

Essa é a parte racional desta história toda. Existe, porém, um nível mais sutil que liga tudo isso. Alguns chamam de nível espiritual. Outros, de transcendente. Outros ainda chamam de nível místico. Mas não importa o nome que você escolha dar. A realidade é que as coisas estão ligadas de uma forma mais próxima e profunda do que podemos perceber olhando apenas para a camada externa.

_____||_____

> O QUE POUCAS EMPRESAS FORAM SE DANDO CONTA ENQUANTO OLHAVAM PARA O SEU PRÓPRIO CRESCIMENTO É QUE ELAS SÓ EXISTIAM PORQUE ALGUÉM COMPRAVA OS SEUS PRODUTOS OU SERVIÇOS. EMPRESA E CLIENTE NASCEM NO MESMO INSTANTE.

_____||_____

Até alguns anos atrás, isso era apenas teoria na sociedade ocidental, mas recentemente tem virado "caso de ciência". O biólogo e bioquímico Rubert Sheldrack, para citar um exemplo, tem se aprofundado bastante nas conexões que vão além do perceptível. Ele chama essas conexões invisíveis de campos morfogenéticos. Eu, pessoalmente, parto do princípio de que as relações são mais do que podemos ou conseguimos observar neste momento.

Quer a prova? Se fôssemos nos basear apenas em números e informações racionais, seria bastante difícil justificar por que mesmo sabendo que mais da metade dos relacionamentos e das empresas está fadado a um término em um prazo não superior a cinco anos, continuamos nos casando e abrindo empresas. A ideia que se vende nos filmes e nas palestras motivacionais de que o casamento é uma grande e eterna felicidade e de que uma empresa é o caminho para a independência é uma falácia. Uma ilusão tão grande quanto a desconexão entre a humanidade e o planeta onde todos nós moramos.

Com base nisso, a incessante busca pela razão se coloca em cheque. Afinal, qual a "razão" de partir em uma jornada que você já sabe de antemão que tem mais chance de fracassar do que de ter sucesso? E é neste ponto que fica claro que apenas algo que está em um nível além do entendimento racional seria capaz de explicar.

Arranho a tentativa de dizer que a ***divisão entre empresa e cliente segue o mesmo princípio da divisão entre masculino e feminino. Ela busca naturalmente uma união***. Uma forma de se reconectar e de se unir novamente. É uma força superior que busca juntar partes separadas. E não busco aqui muitas explicações.

Por enquanto, parto do princípio de que apenas é assim.

Algo que vem ficando claro para mim é que somos (parafraseando O Pequeno Príncipe), os relacionamentos que cultivamos. Sempre há a possibilidade do término. Aliás, essa tem sido a escolha em grande parte das vezes. E a realidade começa a ficar um pouco mais árida quando descobrimos que mudamos os relacionamentos, mas os problemas permanecem os mesmos. É o chamado "choque de realidade". E, para transformar a realidade, é preciso primeiro conhecê-la, para então poder transpô-la. Somente trazendo à tona o desconhecido em nós e em nossas empresas é que poderemos descortinar algum tipo de solução.

1 - O QUE É RELACIONAMENTO?

A vida é relacionamento! E, para entender o que isso significa, é preciso viver relacionamentos. Já ouvi uma porção de histórias sobre a diferença entre conhecimento e sabedoria. Algumas até bastante elaboradas e profundas. De forma simples, vejo que o conhecimento é algo que vem exclusivamente de fora, alguém lhe transmite algo e você "aprende". Você pode acreditar sem questionar – mas isso dura apenas até a sua crença ser testada pela primeira vez e você começar a questionar se o que aprendeu era realmente verdadeiro – ou você pode colocar à prova esse conhecimento e ter uma experiência direta dele. O que se segue à experiência é o que eu apontaria como a sabedoria. ***A experiência lhe traz a oportunidade, mas a sabedoria vem de um ponto interno no qual você "apenas sabe", sem a necessidade de comprovação.***

Vejo os relacionamentos mais ou menos dessa forma. Eu posso escrever páginas e páginas de conteúdo teórico sobre como ele começa, como evoluí-lo e como terminá-lo se a coisa "estiver feia". Mas, ao fim, será apenas um conhecimento emprestado. Se você não quiser experimentar ou não tiver um "repertório" básico de relacionamentos já estabelecido, minhas palavras acabarão ficando no ar para você.

E para ter essa experiência é fácil. Basta querer. E viver. No sentido amplo da palavra mesmo. Porque, como disse na abertura deste capítulo, a vida é relacionamento. Isso significa que a forma como nos portamos em cada situação, todo o tempo, mostra os nossos relacionamentos com as pessoas e até mesmo com as coisas envolvidas. Parece exagero? Vamos a um exemplo simples:

> "Uma pessoa sai de uma cidade no alto da montanha e vai para a praia mais próxima. Lá, ela coloca seu guarda-sol, aproveita o dia e almoça uma comida na barraca local. Ao sair, deixa o lixo na areia e volta para a sua casa no alto da montanha."

Claro que o que mais impressiona de imediato na história é a pessoa ter deixado o lixo na praia. E talvez isso seja importante mesmo; ou talvez não.... Já já vamos colocar um olhar mais objetivo nessa situação. Mas, primeiramente, vamos analisar o todo.

Se essa pessoa foi sozinha à praia, mas é casada e tem filhos, isso pode mostrar que o relacionamento em casa não está tão bom, ou que ela precisa de um tempo só, ou ainda que não se importa muito com as pessoas próximas. Se ela tiver uma boa relação com os seus vizinhos na montanha, pode ter ido acompanhada deles, o que mostra que tem um relacionamento estabelecido com as pessoas de sua região. De qualquer forma, o fato de ir sozinha ou acompanhada já é um sinal do tipo e da profundidade dos relacionamentos que ela estabeleceu e está experienciando naquele momento. Por fim, vamos ao lixo! Poderíamos dizer que é provável que ela não veja a praia como parte de sua moradia – afinal, é pouco comum as pessoas jogarem lixo no chão da própria casa. Nesse caso, concluímos que ela também tem um relacionamento com a região litorânea: negativo.

> *(Aproveitando esse exemplo, vale fazer um parêntese para dizer que, se olharmos para os efeitos das mudanças no clima, começaremos a notar que, como humanidade, não temos tido um bom relacionamento com o nosso planeta.)*

O que quero chamar à atenção é que cada atitude e cada "não atitude" mostram a relação que temos com as pessoas ou coisas, próximas ou distantes. E não estou dizendo com isso que precisamos ter um relacionamento profundo com tudo e com todos. A escala é bastante ampla. É natural você ter uma abertura maior com as pessoas da sua casa do que com o porteiro do prédio. **Você pode ter relacionamentos bons com todos, mas em níveis diferentes de profundidade.** Aliás, a profundidade de um relacionamento é a porta da verdadeira união. Quanto mais profundo for, maior será a necessidade de se abrir para ele – e maior também será a sua fragilidade.

Esses princípios que coloquei até aqui valem de igual forma para as relações entre empresa e cliente. Nem todos os clientes querem se relacionar no mesmo nível. Alguns querem entrar na loja, comprar o necessário e interagir o mínimo possível. Mas outros querem ser reconhecidos como clientes costumeiros e ainda receber algum material da marca em casa. E aí, resta à empresa optar por se abrir ou não para essa profundidade.

A empresa que escolhe "amar" os seus clientes, ou seja, estar aberta a ouvir e oferecer o melhor que pode, a despeito das dificuldades, está em uma escala superior quanto à profundidade do relacionamento. Isto é, a empresa está disposta a correr riscos, mas ainda assim fazer o seu melhor.

Aqui vale um comentário sobre a legislação brasileira: ela diz que todos os clientes devem ter os mesmos benefícios e igualdade no tratamento. Sou fã da democracia, mas esse ponto na lei acaba distorcendo um pouco a liberdade de relacionamento, pois estabelecer igualdade, nesse caso, seria cercear à vontade. Em contrapartida a isso, acho que os programas de reconhecimento, quando bem aplicados, têm sido uma ótima ferramenta para diferenciar clientes, segundo os seus desejos e atitudes.

Em última análise, relacionamento é exposição. As empresas que vejo como tendo o melhor relacionamento com seus clientes não são aquelas que aparecem mais na televisão nem aquelas que erram menos. Mas as que estão abertas a admitir seus erros e melhorar diariamente, com o objetivo de buscar sempre ser melhor para a "outra metade da relação": **O CLIENTE.**

Vi recentemente o caso de uma cafeteria mundial que foi flagrada trafegando os dados dos seus clientes em arquivos sem segurança. Sob o ponto de vista da tecnologia, essa é uma atitude delicada e até condenável. Resolvi ficar atento ao que aconteceria a seguir, e a repercussão por parte dos clientes foi mínima. Lendo um pouco mais sobre a história da empresa nesse quesito, descobri que houvera um *turn around* recente no negócio e que muitas coisas foram mudadas. O foco principal fora direcionado à qualidade do café e ao atendimento aos clientes. O restante acabou sendo consequência dessa decisão. Foram mudados os sistemas de faturamento e de tecnologia da empresa, que eram bastante ultrapassados. No meio desse caminho, a empresa, a pedido dos clientes, decidiu implantar um sistema inovador de reconhecimento nas lojas e de disponibilização da internet para seus clientes. Toda essa atenção com eles, na minha opinião, levou a questão da segurança dos dados para um plano inferior. Ou seja: embora de alguma forma o cliente possa ter se sentido inseguro no processo, ele percebeu que a empresa estava sinceramente fazendo o melhor para atendê-lo.

Isso nos leva a dois pontos primordiais para a definição deste capítulo. O primeiro deles é que, embora a empresa possa buscar fazer o seu melhor, um relacionamento **SEMPRE** envolve duas partes. Sendo assim, se o cliente não quiser, por mais que a empresa tenha interesse, não haverá um relacionamento de profundidade. É uma escolha de duas partes. O segundo ponto, que para mim é vital, é que a empresa, caso escolha ter bons relacionamentos, precisa estar aberta a admitir seus próprios erros e, principalmente, a ser um agente das próprias mudanças. Parece um conselho difícil de seguir? Não se o olharmos com base no conhecimento que cada um de nós tem das próprias relações pessoais. Uma das relações, na minha opinião, que mais se aproxima com a que acontece entre uma empresa e seus clientes é a relação a dois – e é provável que, ao final desta leitura, você concorde com essa opinião.

Se olharmos para o cerne desse tipo de relação, temos normalmente três forças que a constroem: erotismo, sexo e amor. Cada uma com sua função. Para explicá-las de forma simples, diria: o erotismo gera aproximação, o sexo gera prazer e frutos (ou filhos, se preferir) e o amor sustenta a relação. As palavras são um tanto "quentes", mas nem um pouco distantes de um relacionamento a dois, não é verdade?

Pois, entre empresa e cliente, há características que correspondem a essas três, com funções similares e que, igualmente, são fundamentais para sustentar o pilar dessa relação, que envolve negócio, mas, invariavelmente, também a emoção. Relacionar-se com seu cliente, portanto, significa tomar a decisão de embarcar em uma jornada inesperada, desafiadora, mas que, se vivida de forma agradável para ambos os lados, pode ser tão recompensadora e valorosa quanto um casamento que, apesar das discussões, durou "até que a morte os separasse".

2 - POR QUE TER UM RELACIONAMENTO?

A pergunta faz sentido. Porque neste ponto é provável que você esteja se perguntando se vale a pena estabelecer algum tipo de relacionamento consciente. Afinal, o "deixa a vida me levar" já vai acabar trazendo os problemas até nós, então... por que ir atrás deles? Mas não é bem assim que funciona, pois, os relacionamentos também são pontes para chegarmos onde queremos. Mais que isso: chegarmos ao que precisamos. "É impossível ser feliz sozinho", endossaria o poeta.

O que nem só poetas diriam é que cada um de nós, seja como pessoa ou como empresa, tem dentro de si dois principais desejos latentes. O desejo pela felicidade, ou autorrealização, e o desejo de servir ou retribuir aos outros de alguma forma. E, quanto maior for o primeiro, mais natural será o segundo. Como e por que as coisas são assim, eu sinceramente não sei dizer; apenas sinto, percebo olhando ao redor. Até poderia passar alguns capítulos do livro elaborando e divagando sobre o que seria uma possível explicação. Mas é mais fácil dizer apenas que, na minha concepção, o que nos leva a ter esses dois desejos é algo que nos está intrínseco: amor.

Sim, amor. Talvez uma palavra um tanto estranha para um livro destinado a descortinar os desafios nas relações entre as empresas e seus clientes. Porém, é fato que os profissionais da área empresarial que vêm conquistando a atenção das pessoas têm tratado sobre esse tema, seja colocando de forma aberta ou não. A explicação: sem uma verdadeira atenção e dedicação pelo que fazemos, que extrapola os limites da racionalidade, dificilmente conseguiremos chegar a lugar algum. Sem uma conexão com aquilo que é essencial em nós e em nossas corporações, o trabalho diário torna-se vazio e sem sentido. *A atitude de fazer algo somente para ganhar dinheiro está começando a se mostrar desvalorizada e frágil. A alegria passa a estar em fazer o outro feliz.* E, no caso da empresa, o outro é o cliente. E fazer com que ele seja atendido da melhor forma é, em minha compreensão, o verdadeiro servir.

―――――― | | ――――――

CADA UM DE NÓS, SEJA COMO PESSOA OU COMO EMPRESA, TEM DENTRO DE SI DOIS PRINCIPAIS DESEJOS LATENTES. O DESEJO PELA FELICIDADE, OU AUTORREALIZAÇÃO, E O DESEJO DE SERVIR OU RETRIBUIR AOS OUTROS DE ALGUMA FORMA.

―――――― | | ――――――

A base para definir isso, para saber se uma empresa está focada no seu cliente ou não, é o que o autor americano Simon Sinek chama de "o Porquê das organizações". A antiga missão empresarial hoje precisa ter mais uma cara de propósito do que apenas ser uma frase de efeito. Esse "porquê" é o que permite a verdadeira conexão entre empresa e cliente. E, como já dissemos, um não existe sem o outro.

Há alguns anos abri um novo negócio que desde então tem me feito passar por uma profunda mudança pessoal. Meu principal desejo naquele momento de abertura da empresa era de auto expressão. Estava um tanto cansado de trabalhar dentro de empresas e querer fazer as coisas de forma diferente, mas acabar esbarrando em algum tipo de limitação na organização ou nos clientes. No entanto, ao começar minha própria empresa, logo descobri que as limitações não estavam "fora", mas sim em mim mesmo. Foi o primeiro passo no caminho de realização dos desejos: a busca pela felicidade.

Ainda nesse início, esbarrei em um *porém*. Um *porém* que pode parecer um paradoxo neste momento: no instante da minha decisão de iniciar um novo negócio, eu não levei em conta que teria de me relacionar com um número cada vez maior de pessoas e de empresas. Mas, no fim, o que cada um desses relacionamentos foi me trazendo foi na verdade a compreensão sobre mim mesmo. Por isso, por ter passado por essa experiência e adquirido tal sabedoria (mais que conhecimento, lembre-se), posso afirmar que não há outra resposta para a pergunta título deste capítulo a não ser esta: *é impossível alcançar a razão de ser de sua empresa, realizar o que quer que seja que ela pretende fazer, sem ter algum tipo de relacionamento com seus clientes. O relacionamento é – felizmente – inevitável.*

3 - O QUE É PRECISO?

PARECE um tanto óbvio, mas, começando a responder de forma simples, diria que para que haja qualquer tipo de relacionamento é preciso duas ou mais partes envolvidas. E não apenas isso: é também preciso que ambos escolham estar dentro do relacionamento. ***Uma escolha consciente.***

Se estabelecêssemos uma escala de um a dez para essa consciência, teríamos: em um, aquele tipo de relacionamento em que pode não haver consciência de uma ou de ambas as partes de que algo os conecta; e em dez, a plena consciência dos dois lados de que ambos são responsáveis por tudo o que acontece dentro do relacionamento.

O problema encontrado no início da escala é que se estabelece aquele tipo de relacionamento no qual há alguma forma de exploração. Nele, uma parte (ou, eventualmente, ambas) se pergunta: "o que eu posso retirar daqui?". É o raciocínio dos exploradores. Nada contra aqueles desbravadores que buscaram novos horizontes para a vida humana, daqueles que encontraram fronteiras diante de si e decidiram ir adiante. Falo sobre aquele tipo de explorador que apenas retira e com nada contribui para o todo. Por outro lado, no topo da escala, temos os relacionamentos que surgem de uma escolha consciente e cuja consequência é que os dois lados começam a perceber o impacto que geram entre si.

Tenho profundo amor e respeito pelo Brasil. Nasci nesta maravilhosa terra. Sou filho e neto de imigrantes, pessoas que escolheram morar e legar suas gerações aqui. Porém, olhando para o atual estágio social do nosso país, vejo que em muitos locais e sob muitos aspectos ainda estamos entre um e dois nessa escala do relacionamento consciente. Utilizando nosso próprio ambiente como local de aprendizado, somente recentemente começamos a nos dar conta de que somos responsáveis pela situação política e social do Brasil. Os políticos e gestores sociais não chegaram a ocupar seus cargos por acaso. Ainda que com uma monarquia de partida, um golpe militar no meio e um tanto de *atrapalhos* ao longo do caminho, somos hoje, de fato, uma democracia.

Já sabiam nossos ancestrais que aqui residiam: **a liberdade, às vezes, precisa ser reconquistada.** Enquanto os povos da África e de outros locais eram escravizados e trazidos para cá, os índios compreendiam que a servidão também é um tipo de relacionamento do qual se pode ou não escolher participar. Muitos naturalmente morreram para provar seus pontos de vista, mas, com isso, nossos ancestrais tiveram de refletir se esse era um tipo de relacionamento saudável.

Do outro lado da escala, vejo empresas que vêm crescendo a taxas impressionantes por terem convidado seus clientes a fazerem parte de suas estratégias. Empresas como a Amazon.com, que inclui seus clientes como parte direta e objetiva da relação. É um modelo do tipo ganha-ganha. Quanto mais troca há entre a empresa e seus clientes, mais todos – e, no caso da Amazon.com, "todos" é realmente bastante gente! – ganham. O cliente, com melhores indicações de produtos e serviços; os fornecedores, com informações mais precisas sobre sua produção e gestão de estoque e melhor exposição; a empresa, com uma maior satisfação em poder entregar aquilo que ela realmente quer, além de ter maior lucratividade e assertividade em suas estratégias.

A boa notícia é que, como em quase tudo nesta vida, sempre é tempo de mudar. Inclusive, minha percepção até este ponto da vida tem sido esta: ***para que haja de fato um relacionamento, é preciso que ao longo do tempo aconteça uma evolução na escala.*** As pessoas podem começar com pouca consciência sobre o porquê de estarem se relacionando, mas, com o passar do tempo, é necessário que essa consciência se expanda e se torne uma escolha.

Em resumo, você pode fazer tudo como empresário ou profissional de marketing – e o mesmo vale para as relações pessoais –, dar-se ao máximo em prol de um bom relacionamento com seus clientes, caprichar no "jogo da sedução"; mas haverá um ponto em que o cliente também precisará escolher se quer fazer parte da relação ou não.

Relacionamento é uma dança que não pode ser dançada por um só. E, quanto mais comprometidos estiverem os dançarinos em fazer essa dança conjunta funcionar, mais lindamente será executada a coreografia.

4 - COMO COMEÇA ESSE RELACIONAMENTO

FALAMOS no primeiro capítulo sobre a comparação do relacionamento empresa-cliente com a relação a dois. E, se entre um casal o erotismo faz o papel de aproximar as duas partes, buscando palavras mais adequadas ao mundo empresarial, diria que o início da relação começa com a sedução. E seduzir por parte das empresas, significa se mostrar, "vender o seu peixe" e, com isso, atrair a atenção de possíveis futuros clientes. A publicidade, por exemplo, cumpre essa função com maestria.

A sedução tem e sempre terá um papel fundamental para gerar aquela fagulha inicial, aquele primeiro movimento do cliente em direção à empresa para que a relação se inicie. Com um casal, o erotismo faz a ponte entre o sexo e o amor; sob a ótica empresarial, a sedução, ou publicidade, faz a ponte entre a primeira compra e a continuidade da relação. A publicidade (ou sedução) em excesso, porém, esgota-se em si mesma. É como um amor platônico que nunca se realiza. É uma relação ideal que nunca acontece na prática. E, citando o já conhecido gap entre o que a empresa fala e o que ela faz, é aqui que a confusão começa. Porque fantasia (ou erotismo) não é realidade, e viver como se fosse é certeza de decepcionar-se.

Quem já foi fisgado pelo menos uma vez pelas teias da sedução sabe que a mulher amada não estará todos os dias com aquele vestido curto e decotado, ou o homem com aquele terno de primeira linha e a barba feita. No dia a dia, a relação oferece sua realidade, seus desafios. A sedução (erotismo) às vezes se confunde com uma relação continuada (amor), afinal o relacionamento está acontecendo. E a consequência disso para as empresas é que elas começam a acreditar que são as promoções que sustentam a relação com seus clientes. Se esse é seu modelo, cuidado! Quer tirar a prova? Pare de fazer promoção e veja quais são os clientes que continuarão comprando. Estes, e apenas estes, são os que querem uma relação de verdade. O restante só busca a opção mais barata.

Ficar apenas na sedução não cria relações sustentáveis. A sedução é variável, assim como a promoção. Gera ondas de novos clientes, que, à mesma medida que vêm, vão. Ela exige das empresas algo irreal: ser uma nova e atraente empresa todos os dias. E não falo aqui sobre o ato louvável de inovar, mas sobre sair fazendo mudanças que não criam nada perene. É como se toda manhã acordássemos com alguém diferente ao nosso lado, que resolveu mudar, seja física ou emocionalmente – às vezes pode até ser bom, mas acontecendo todos os dias, é provável que comece a gerar relativo desconforto e uma consequente quebra na relação.

Empresas que apenas seduzem novos clientes mostram que no fundo não querem nenhum tipo de compromisso. São empresas que têm algum medo de se relacionar com mais profundidade. É como se o próximo cliente fosse sempre melhor do que os que já foram conquistados. É dizer que o que a empresa já tem em casa não é suficientemente bom para ser digno de receber um produto ou serviço excelente. Portanto, seduza; mas sempre tendo em mente o próximo passo.

Sedução realizada, é hora de ir para as vias de fato: a primeira compra! Para mim, esse é um momento importante, pois é quando o cliente confia o que ele tem de maior valor para a empresa. Não falo aqui apenas do dinheiro (sim, ele também é importante), mas principalmente sobre a escolha. A escolha do cliente. Com a compra, ele diz, por meio de uma ação concreta: "eu escolhi a sua loja, a sua marca para começar uma relação". Por mais que o cliente possa ir embora amanhã, neste momento, para esta compra, **ele escolheu apenas você!** E aí está o que eu chamo de injeção de força criadora: a empresa passa a ter energia (confiança), depositada por parte dos clientes, pessoas a quem efetivamente pode entregar seus produtos e serviços; e, finalmente, ganha dinheiro para seguir com suas necessidades.

Empresas hábeis são aquelas que sabem aproveitar suas competências de sedução e de gerar negócios e convertem isso em uma relação duradoura. Por outro lado, uma empresa que perde sua capacidade de sedução envelhece como marca. Os clientes acham que nada muda. Os bons clientes sempre irão respeitá-la e admirá-la, mas perceberão que ela mesma (a empresa) não tem mais interesse em evoluir.

———————| |———————

EMPRESAS QUE APENAS SEDUZEM NOVOS CLIENTES MOSTRAM QUE NO FUNDO NÃO QUEREM NENHUM TIPO DE COMPROMISSO.

———————| |———————

Da mesma forma, o cliente também tem seu poder de sedução e realização. Ele se transforma, muda seus canais de relacionamento, amadurece como pessoa, cobra mais e também compra! Sedução, para o cliente, também é uma busca pelo desconhecido: "o que será que a empresa que eu admiro anda fazendo?"; "será que eles têm algo novo?"; "adoro aquele produto/serviço que só eles sabem fazer"; "gosto tanto da atenção que dedicam a mim...". Como resposta, a empresa precisa estar atenta a seus clientes: "será que meus produtos/serviços são tão bem aceitos quanto eu acho que são?"; "meus clientes continuam comprando da mesma forma e para o mesmo fim?"; "suas necessidades ainda são as mesmas?".

Como parte desse processo, é importante nunca achar que se sabe tudo sobre o cliente. Uma pesquisa revela sempre parcialmente quem ele é, assim como as informações do banco de dados. Mas a vida do cliente é muito mais que isso. Sua relação de compra, por exemplo, nunca será exclusiva; ele continuará se relacionando com outras empresas. Talvez ele até tente ser fiel para um mesmo produto ou serviço, mas na maior parte das vezes nem isso. E o que acontece com essa rede de possibilidades é que o cliente sempre terá uma base de comparação sobre o que é uma boa relação.

Outro ponto a ser retomado: a relação que funciona é aquela em que há interesse dos dois lados, e é por isso que sedução em excesso é perigoso. Gera preguiça e acomodação por parte do cliente. A empresa faz tudo e, consequentemente, o cliente não faz nada (ou faz muito pouco). Por isso, *em uma relação ideal, sedução, realização (compra) e desejo de continuidade e renovação estão sempre presentes de forma equilibrada.*

Para fechar este capítulo, deixo um exemplo prático do que pode ser uma boa aproximação ou sedução e do que seria o oposto disso. Imagine por um instante a seguinte cena hipotética: um cliente entra em uma loja e aproxima-se do balcão, e então inicia-se um diálogo...

CLIENTE: Olá, bom dia!

EMPRESA (atendente): bom dia.

CLIENTE: Vi sua loja lá de fora e acho que ela está no perfil do que eu tenho para oferecer.

EMPRESA: Ok...

CLIENTE: Em que posso servi-la?

EMPRESA: Bem... Meu objetivo principal é vender mais, então acho que você pode me ajudar. Eu gostaria que comprasse a maior quantidade de produtos possível da minha loja. De preferência aqueles que têm maior margem de lucro. Se possível dividindo em vezes, assim, além do valor da venda, eu posso ganhar também com os juros que serão pagos nessa compra.

CLIENTE: Me parece um pouco estranho esse seu pedido, um pouco unilateral... Mas tudo bem, afinal eu recebi meu 13º nesta semana e estou com dinheiro sobrando. Acho que posso lhe ajudar. Mais alguma coisa?
Sim, você poderia me deixar o seu cadastro? É que eu quero que você seja fiel à minha marca e compre apenas de mim, mesmo que seja mais vantajoso para você comprar na loja ao lado. E quero lhe enviar comunicações, preferencialmente pelo canal mais barato.

Então, a qualquer estímulo que você receber, volte à minha loja e compre novamente o máximo que for possível. Dessa forma eu ficarei feliz!

CLIENTE: Bem, agora está realmente estranho, porque parece que você não está nem um pouco interessada naquilo que é importante para mim ou no que fará diferença na minha vida. Mas tudo bem, afinal fui eu quem comecei esta conversa, entrando na sua loja e perguntando o que você queria.

EMPRESA: Ok, eu posso refletir sobre o que você disse. Mas ainda acho que vender mais é a coisa mais importante para mim.

Esse diálogo, ainda que um tanto estranho, infelizmente reflete a realidade de muitas das relações entre empresas e clientes. E a visão do relacionamento não deve ser "o que posso tirar desta relação", mas sim "o que tenho para oferecer". Será que, se trocarmos o desejo de Vender Mais por Vender Melhor, o diálogo naturalmente não aconteceria de uma outra forma? Talvez até com o cliente de início dizendo...

CLIENTE: Olá, bom dia! Sua loja me atraiu por algum motivo. Ela parece um galpão vazio todo pintado de branco, mas ao mesmo tempo tem algo aqui que me chama a atenção.

EMPRESA: Olá, bom dia! Sim, por enquanto isso que disse é verdade. Até que eu saiba um pouco mais sobre você e o que você necessita, não tenho muito a lhe oferecer. Então, vamos começar com alguma direção... Eu, por exemplo, gosto de tecnologia, tenho alguma habilidade com isso. Talvez a partir disso possamos encontrar um caminho que se junte entre você e eu. Vamos lá, antes que eu lhe ofereça qualquer produto ou serviço, me conte um pouco sobre você. Seu nome, para começar, assim fica mais fácil falar com você de maneira pessoal. E depois, se puder me contar um pouco do seu dia a dia...

CLIENTE: Hum, gostei, você me parece simpática. Meu nome é Carlos, sou casado, tenho dois filhos ainda pequenos, um menino de sete anos e uma menina de cinco. Eu trabalho longe de onde moro e meu maior desafio é conseguir conversar com minha esposa no período em que estou. Ela trabalha meio período fora de casa, e a outra metade do dia fica em casa com as crianças.

EMPRESA: Obrigada, Carlos, por compartilhar um pouco de você e do seu dia a dia comigo. Agora olhe um pouco ao seu redor e veja se algo lhe chama a atenção.

CLIENTE: Nossa! Que mágica é esta? De onde vieram estes produtos? Tem uns aparelhos pequenos e outros maiores. O que são eles?

EMPRESA: São telefones celulares de última geração. Eu não falei que era boa com tecnologia? Algum deles atraiu sua atenção?

CLIENTE: Estes menores.

EMPRESA: Hum, vejo que você tem bom gosto. Eu vou tomar a liberdade de lhe sugerir algo. Posso?

CLIENTE: Sim, claro! Aparentemente você sabe exatamente o que eu estou buscando...

EMPRESA: OK, vou lhe sugerir um pacote de produtos e serviços. Este aparelho que chamou sua atenção me parece atender ao que você precisa para melhorar o seu dia a dia. É um aparelho celular pequeno com bateria de dois dias, isso significa que você pode estar com ele o dia todo, realizar ligações para sua esposa e ainda chegar em casa à noite com alguma carga. Sim, eu sei, você dirá, que não tem telefone em casa ainda. Estou correta?

CLIENTE: Mais ou menos. Minha esposa tem um celular pré-pago, mas sempre que precisamos nos falar o aparelho está sem créditos.

EMPRESA: Tenho duas sugestões, Carlos: uma é você assinar uma linha pós-paga de celular, mas isso pode ser mais do que você precisa neste momento, afinal, entendi que durante o dia serão mais conversas pontuais com sua esposa. A segunda sugestão, que me parece ser o melhor para você agora, é uma linha fixa que tem um custo de entrada e de mensalidade mais baixo. Com isso, agrego um serviço para você de ligações com menores custos entre o seu celular e a sua casa. Posso ainda... Bom, acho que já estou falando demais. Primeiro me diga: isso lhe ajuda?

CLIENTE: Poxa, vejo que com as poucas informações que eu lhe dei você realmente sabe de que eu preciso. Opa! O que é esta tela com desenhos animados que apareceu aqui ao meu lado?

EMPRESA: Ah, isto! Desculpe-me, não consigo me controlar... Isto é um serviço de TV por assinatura. Como você disse que tem dois filhos pequenos, eu achei que poderia lhe interessar. É um pacote básico, mas que possui alguns canais de TV fechada com desenhos. Estamos trabalhando para que você possa controlar o horário e programas que estarão disponíveis para seus filhos. Afinal, imagino que não gostaria que eles estivessem todo o tempo na TV, mas talvez isso possa ajudar sua esposa nos momentos em que ela estiver em casa e precisar preparar algo para eles comerem, ou mesmo de um descanso.

CLIENTE: Nossa, aí você já está me seduzindo, não?

EMPRESA: (Risos). De certa forma sim, mas a verdade é que, como eu lhe disse, adoro tecnologia e sou mesmo boa com isso. Então, se eu puder lhe oferecer o máximo dentro daquilo que gosto de fazer, para mim será um privilégio.

CLIENTE: OK, por enquanto eu vou ficar com sua primeira oferta. De acordo com o seu atendimento no dia a dia, a gente pode evoluir nossa relação.

> **(Sim! Por mais que ainda estejamos na fase de sedução, uma relação duradoura pode ser construída desde o início. É onde incluímos o Vender por Mais Tempo, de que trataremos mais para a frente.)**

EMPRESA: Está certo, fico à sua disposição. Eu gostaria de ter a oportunidade de atendê-lo no futuro. Você se importaria de deixar um cadastro seu? Eu vou enviando comunicações e, no momento que lhe for oportuno, você volta aqui para fazermos novos negócios. Você se importaria de deixar seus dados de contato?

CLIENTE: Claro, com prazer!

E fim. Fase da sedução concluída com sucesso!

5 - QUANDO A ESCOLHA É SEGUIR ADIANTE

ESTÁ aí um dos momentos mais desafiadores no relacionamento. Desafiador tanto para a empresa quanto – ou talvez mais ainda – para o cliente. Prova disso é que alguns profissionais de marketing tratam este como um ponto de "dissonância cognitiva". A explicação da expressão: é quando "uma parte" do cliente toma uma decisão e "outra parte" não tem a mesma certeza – ou realmente discorda.

Isso acontece principalmente para compras de maior valor, em que a relação inevitavelmente se seguirá por vários meses, como na aquisição de um carro, de uma casa ou mesmo de um novo serviço de telefonia. Geralmente, a parte do coração diz: "decisão certa! Carro novo na garagem"; enquanto a outra parte (o bolso) diz: "será? Serão mais 59 meses para quitar este carro...". Algumas empresas, sabendo disso, chegam a incluir formalmente no treinamento dos vendedores o reforço positivo, por meio de frases como: "Parabéns pela sua compra, o Sr.(a) fez a escolha certa!".

Voltando aqui à nossa comparação com a relação a dois, penso que talvez por isso, pela dificuldade em se comprometer, termos como "ficar" tenham se popularizado. O namoro é o primeiro passo concreto de compromisso entre as partes. E, se da parte de quem faz o pedido é um passo para a felicidade, quem aceita precisa estar no mesmo momento, ou vai pensar muito antes de responder. Da mesma forma, para a empresa fazer uma venda perene é excelente, mas para o cliente, dependendo de como se sente, pode ser um momento desafiador.

Sei que existem outros motivos, mas para mim o volume de celulares pré-pagos que inundou o mercado é o reflexo do não assumir o compromisso de uma relação continuada entre empresa e cliente. Fazendo as contas, dependendo do caso, um pós-pago sai mais barato que um pré-pago. Mas quem é que quer namorar quando sabe que sequer conseguirá ligar para a pessoa amada (a empresa) no caso de decidir terminar o relacionamento? Precisamos entender que este é o momento de transcender, de sair do lugar comum e estabelecer um primeiro compromisso.

Para evitar qualquer tipo de interpretação equivocada, fui buscar o significado de **TRANSCENDER**, antes de utilizar a palavra. Segundo o dicionário, significa: "passar além dos limites de ser superior a; exceder, sobrepujar, ultrapassar". Para reforçar a ideia que quero passar, escolho o termo **IR ALÉM DE**. Sim, é desafiador. Ficar é fácil, mas nem todo mundo quer abrir mão de poder ter todas as outras opções para namorar "apenas uma".

E vejo, como falei, que o desafio dessa decisão é principalmente do cliente, que a empresa tem muito pouca gestão sobre isso. Porém, creio que seja relevante dedicar um capítulo para esta fase do relacionamento, para que você, como empresa, possa compreender com mais detalhes o que se passa na cabeça, no coração e no bolso do seu pretendente, o cliente.

Se bem resolvida, esta fase de namoro acontece de maneira suave. É quase que um eterno aprendizado sobre a empresa e sobre o cliente. Cada dia uma nova descoberta, de forma positiva! Vocês estão "se conhecendo". E, se a resposta "sim" foi dada de maneira consciente, é nesta fase que acontecem as coincidências que nem a empresa nem o cliente tinham previsto. É quando o inesperado começa a surgir. Mas, na minha visão, essa conexão transcendente só acontece quando os dois lados (empresa e seu cliente) começam a expressar sua essência, isto é, cada um dar o seu melhor.

Se estivéssemos falando de uma cafeteria, é aquele momento em que o café é tão gostoso e bem preparado que o local passa a ser uma referência na cidade. Não por falta de outras opções, mas porque aquele é percebido como o melhor café da cidade. É quando o cliente anda algumas quadras a mais para ir até lá, quando se sente bem pagando por um simples cafezinho e, seja gastando R$ 5 ou R$ 10, acha que seu dinheiro está sendo bem gasto. É quando o tempo que o cliente passa na cafeteria pode ser usado para produzir novos projetos. Ele começa a pensar nos seus próprios clientes – sim, esta roda positiva gira de empresa para cliente, de cliente (como um profissional que trabalha em alguma outra empresa) para seus clientes, e assim sucessivamente. E aí é que o inesperado acontece: o relacionamento **transcende** a si mesmo.

Este cenário, porém, só funciona quando empresa e cliente estão no mesmo nível de consciência dentro do relacionamento. A empresa entende o seu impacto na sociedade, e o cliente entende o impacto de comprar (ou não) daquela empresa. Já quando há um desnível, o esforço de um dos lados precisa ser maior para atingir o equilíbrio. Por exemplo, no caso de marcas estrangeiras que desembarcam no País vindas de locais com maior nível sócio cultural: é necessário que a empresa tenha também a consciência de que precisa educar de alguma forma o mercado. É o que vem acontecendo nos últimos anos com as iniciativas no mercado financeiro que apoiam ações de educação financeira para os "novos *bancarizados*". Isso significa que o lado com maior consciência sabe o impacto que a entrada da empresa no mercado pode causar, e passa a contribuir para o desenvolvimento do outro.

E não ache que isso é somente papel das empresas estrangeiras, de países mais desenvolvidos. Converse com alguma empresa brasileira que desembarcou em mercados do chamado primeiro mundo e verá o quanto de aprendizado ela teve de desenvolver nos seus clientes e como acabou também aprendendo com esse movimento. Seja por conta da legislação, de barreiras de entrada ou mesmo por conta do relacionamento com um novo público de maior nível cultural e educação formal. O namoro é uma fase de muito aprendizado sobre si mesmo, em que tanto a empresa quanto os clientes se desenvolvem, cada um dentro de sua realidade. Mas para isso é vital se expor ao relacionamento, aceitar que, sim, podem haver falhas e pontos de melhoria dos dois lados.

Se uma empresa nunca teve problemas de entrega, é certo que ela nunca levou seus produtos além da porta de entrada. Um excesso de problemas nessa área, porém, pode indicar que a empresa deve melhorar sua atenção na entrega aos clientes. O cliente, nesse momento, passa a ser um excelente indicador de pontos de melhoria para a empresa. Por isso o primeiro passo é aceitar que falhas existem e ficarão aparentes no momento em que a empresa e os clientes decidirem ter uma relação mais consciente. Pelo lado do cliente, é o momento em que passa a exigir um serviço de melhor qualidade. Se ele entende que a sua atenção (ou desembolso de caixa) não está sendo correspondida pela empresa, vai questionar isso, querer mais.

E o que acontece se nem empresas nem clientes tiverem consciência do relacionamento, não quiserem se expor, enxergar falhas e não estiverem dispostos a mudar? Bem, nesse caso é bastante provável que surjam caminhos formais para tentar colocar ordem na casa, como as leis – por exemplo, Lei do SAC, Marco Civil da Internet, revisão da legislação do consumo e assim por diante. Ou seja, de uma forma ou de outra – por vontade própria ou por pressão de fora –, haverá uma sinalização de que algo não vai bem.

Sim, relacionamento leva tempo e dá trabalho. Mas nem por isso devemos evitar esse caminho. O atrito é parte da relação. Coisas darão errado, mas isso não significa que ao final não valha a pena. Porque o erro nos faz crescer, melhorar, acertar. E, se você já passou por algo parecido no seu relacionamento como casal, por que não tentar com sua empresa?

Acredite: as empresas que começam a ser bem recebidas pelos clientes não são aquelas com menos problemas. Eu diria até o contrário. A diferença está na tomada de consciência e no trabalho por um relacionamento melhor com seus diversos públicos. E que o cliente não se iluda: se pensa na frase "esta empresa é um mal necessário", então ele mesmo é parte do problema.

E como então atingir esse nível de consciência, **transcender** o relacionamento e transformar um simples "ficar" em um "namoro"? Considerando que a empresa normalmente é quem tem o maior nível de conhecimento e preparo **sobre seus produtos e serviços**, vamos começar por ela – mas sem nos esquecermos de que a responsabilidade é mutua. Empresa, aqui estão alguns conselhos:

❯ ouça seu cliente. De verdade! Traga-o para perto de você. Não como uma forma de minimizar reclamações, mas como uma forma de evoluir a relação.

❯ busque trazer luz aos pequenos problemas, seja de comunicação, entrega, produção, treinamento etc. Eu diria que aqui reside a chave de grande parte do sucesso.

❯ busque uma comunicação o mais aberta e transparente possível. Falar a verdade, ainda que seja difícil, funciona mais do que tentar encobri-la.

❯ busque diminuir diariamente o gap entre aquilo que você fala que faz e aquilo que você realmente faz. Não tenha pudor de admitir que você pode estar mentindo! Mesmo sem saber. Reconhecer seu atual estágio traz mais consciência mútua e melhora a relação.

› não tenha medo da intimidade. Quando as pessoas quiserem se aproximar de sua empresa, busque formas de fazê-lo. E aqui vai um case pessoal: trabalhei para nove das maiores montadoras de veículos no Brasil. Em todos os casos, pude ver o desejo que os clientes tinham de conhecer as respectivas fábricas de seus carros e estar perto de onde as coisas aconteciam de verdade. Assim como em uma relação pessoal, você provavelmente não convidaria uma visita a conhecer o seu quarto (ou o local do desenvolvimento de novos produtos), mas talvez conhecer a cozinha e a sala de estar (a fábrica) já dê a ela um senso de pertencimento e satisfação. Em resumo, o recado aqui é: deixe o cliente fazer parte.

› E, por fim, esteja aberto a algo inesperado que possa surgir ao longo do caminho. É assim que as empresas se reinventam...

6 - POR QUE NÃO FUNCIONA

A vida busca sempre um equilíbrio. Me lembro de um antigo comercial com o Chico Anysio, acho que um dos poucos que ele fez, para uma marca de videocassete – bem, se você tem menos de 25 anos, sugiro pesquisar na internet sobre o que é um vídeo cassete. Era um comercial muito sensível, comparando a vida a uma gravação de vídeo. O texto era mais ou menos assim: "Imagine que você tivesse total controle sobre sua vida e sua história. Imagine que, através de um controle remoto, você pudesse voltar no tempo e reviver os bons momentos. Passar esses instantes em câmara lenta para poder aproveitar ao máximo. Pular as partes que não lhe interessam. Passar em alta velocidade pelos momentos pouco agradáveis. Pausar e eternizar um orgasmo". E então o comercial terminava com o Chico apresentando o videocassete da marca e dizendo que com ele tudo isso era possível. Era um texto intenso, mas ao mesmo tempo singelamente verdadeiro. *É aquilo que todos nós queremos: mais prazer e felicidade, menos dor e incômodo.*

Assim que passa a fase do namoro entre a empresa e o cliente, as reclamações e os incômodos começam. Por mais que a empresa quisesse novos clientes, surgem lamentações do tipo: "o cliente não entendeu o que estamos oferecendo"; "o produto está sendo consumido de maneira errada"; "o cliente não paga em dia, vamos mandar o nome dele para o serviço de proteção ao crédito". Da parte do cliente, o cenário não é muito diferente: "esta empresa prometeu mundos e fundos e mal entrega o mínimo"; "estou há vários dias esperando uma resposta à minha reclamação e eles nem aparecem"; "vou denunciar esta empresa ao Procon, ou melhor, vou espalhar nas redes sociais como ela é ruim".

Não questiono a veracidade sobre as colocações dos dois lados, mas lembre-se: o namoro acabou! E esta é a ***"dura realidade"***. Se pensarmos em um relacionamento pessoal, por incrível que pareça o namoro pode durar mais que o próprio namoro. Ele às vezes termina muito próximo do casamento. Às vezes depois. Às vezes muitos anos depois. O namoro é, em parte, uma ilusão. É raro alguém fazer um comentário depreciativo nessa fase. Tudo caminha bem, e a devoção é tamanha que as pessoas são capazes até de matar se o seu par for ameaçado de alguma forma – os chamados crimes passionais.

Não estou dizendo que o namoro ou o fim dele seja algo "certo" ou "errado", apenas que, inevitavelmente, a projeção que uma pessoa faz sobre a outra cairá, e a realidade precisará, mais cedo ou mais tarde, ser encarada. E, bem, neste momento vai ficando mais claro por que as empresas querem tão desesperadamente novos clientes... Porque o namoro é realmente uma delícia. Talvez a melhor fase da vida.

Tanto que muitas pessoas escolhem terminar um namoro já começando outro, sofrendo apenas momentaneamente pelo fim, mas sabendo que uma nova paixão cura tudo. Por isso é que, neste ponto, é preciso tomar uma decisão: você pode escolher parar, assim como muitas empresas que ficam apenas no namoro, ou ir adiante e descobrir o que vem depois dessa fase. Tendo dito isso, começo a descortinar um pouco do que, pelo menos em minha experiência, tem sido um caminho bastante realista em direção à solução. Chamo esse caminho de **reciprocidade.**

É necessária alguma disponibilidade pessoal para abrir-se e enxergar que por trás de todo relacionamento existe uma dinâmica invisível. Algo que nos conecta como pessoas e empresas antes mesmo de nos encontrarmos. Essa dinâmica pode ser, por exemplo, a necessidade do cliente de comprar um produto ou serviço novo, ou a necessidade (ainda que inconsciente) da empresa de encontrar pela frente um "cliente problema", que irá sinalizar que algumas coisas precisam ser melhoradas ali.

Imagine que você é cliente de uma empresa de serviço de telefonia móvel. Deixe de pagar o serviço por três meses e descobrirá algo: no quarto mês, talvez no quinto, você deixará de ser "uma pessoa" e se tornará um cliente inadimplente. Naturalmente você ainda será uma pessoa, mas também um **cliente inadimplente.** Você aprendeu uma coisa nova sobre si próprio. E quem lhe disse isso foi a empresa, a partir da relação que ambos estabeleceram.

A reciprocidade é a força que une os opostos. Posso dizer com certa segurança que raramente esses encontros que geram algum tipo de relacionamento acontecem por acaso. Seja isso consciente ou não. Se você tem ou já teve alguma relação pessoal estável, sabe do que eu estou falando. É preciso ter a consciência de que o relacionamento terá a porta aberta para a descoberta de diversos pontos de melhoria, **nos dois lados.** E, embora eu fale bastante sobre o lado da empresa, gostaria de apontar também a **responsabilidade dos clientes e consumidores.** Para isso, vou contar rapidamente um caso pessoal.

Tenho em casa um purificador de água que é alugado. De tempos em tempos, a empresa vem até minha residência para fazer uma manutenção periódica. Normalmente, eles fazem um contato ativo para sugerir esse agendamento, mas da última vez eu tive que fazer a ligação para pedi-lo. Na verdade, algumas ligações... Duas ou três tentativas de visita em casa e algumas dificuldades depois, a revisão foi feita.

Fiquei um tanto irritado e comecei uma busca por outra marca. Cheguei a avaliar a compra de um novo purificador. Mas o calor da irritação passou, e eu mantive o serviço. Um tempo depois, houve um problema no purificador e ele não estava mais desligando o fluxo de água. Fiquei bravo, mas percebi naquele instante que *a empresa tinha o mesmo peso na relação do que eu.* Sim, eu poderia ter cancelado o serviço meses antes. Afinal, eu sou o cliente! E, nessa segunda vez, fiquei ainda mais insatisfeito, pois foram quatro ou cinco dias sem água. Mas isso gerou para mim a oportunidade do aprendizado da *reciprocidade*: o serviço da empresa é relevante para mim e eu poderia ter cancelado; mas, sim, eles também podem de alguma forma "cancelar" o serviço quando não querem mais o cliente.

E isso não é algo novo, as empresas sempre tiveram essa possibilidade de "demitir o cliente". Aliás, no passado, acredito que faziam isso de forma mais limpa até. Um exemplo: vários anos atrás, o Bank Boston (que em 2006 foi comprado pelo Itaú, perdendo seu nome aqui no Brasil), em um ato polêmico de sinceridade, mandou uma carta a alguns dos clientes de seu banco de dados desligando-os do Banco, sob a alegação de que eles não tinham o perfil correto para serem clientes do Bank Boston. A atitude causou revolta à época, sob acusações de preconceito – e nem vamos entrar no mérito de julgá-la aqui. O fato é que hoje isso continua acontecendo, as empresas continuam "escolhendo" os clientes, ou ainda, escolhendo quais clientes não querem. E fazem isso não com uma carta honesta, mas atendendo mal, causando problemas. Até que eles saiam. E se sintam, possivelmente, culpados por isso.

Quando percebi que fui eu o cliente mal atendido, essa reflexão me mostrou que, embora ainda tenhamos um viés paternalista na legislação de consumo no Brasil – talvez muito pela sistemática exploração do desconhecimento civil das pessoas –, a relação, para funcionar, precisa ser **equilibrada**. É preciso que haja um **respeito mútuo**. Não, não estou sendo inocente e negando que muitas empresas não precisem melhorar suas práticas. Mas quero salientar **que o cliente também é responsável pela qualidade dessa relação**. Vejo, ao final, que é preciso haver abertura dos dois lados para o **SIM** a uma relação melhor.

Estou falando aqui de algo bastante sutil. Estamos evoluindo no Brasil para colocar em ação as nossas reivindicações. Estamos mudando de patamar de consumo e cidadania, **deixando de reclamar que o problema está em alguma entidade externa e passando a assumir parte da responsabilidade**. Este é o segundo nível do relacionamento. É quando os dois lados passam a identificar que têm algum tipo de responsabilidade para que a relação tenha um bom nível de qualidade. E ao chegar nesse ponto é inevitável que haja uma natural alternância entre a empresa responsabilizar a si e ao cliente em alguns momentos. Mas somente quando, seja como empresa ou como cliente, **notamos que nossas ações ou omissões geram algum tipo de prejuízo para o outro lado é que o relacionamento começa a evoluir**. E negar esse fato é negar a energia que ele contém.

_____||_____

AS EMPRESAS CONTINUAM "ESCOLHENDO" OS CLIENTES, E FAZEM ISSO NÃO COM UMA CARTA HONESTA, MAS ATENDENDO MAL, CAUSANDO PROBLEMAS.

_____||_____

No caso que citei acima, soube que o problema que aconteceu comigo era um defeito de fabricação do produto do qual a empresa já tinha ciência há pelo menos sete anos. Digo isso pois esse mesmo problema aconteceu na empresa de um amigo, e porque o técnico que foi até a minha casa fazer o conserto confirmou que a empresa estava realizando a troca do botão de acionamento, **porém, somente quando o cliente reclama**. Bem, tanto no meu caso como no do meu amigo, foram horas de vazamento de água na capacidade máxima do purificador, o que, pela minha estimativa, deve significar próximo de 500 litros de água. Sim, a empresa está prejudicando os seus clientes. A pergunta é: será que ela tem consciência disso?

Com tanta dificuldade e tantos desafios, imagino que você, leitor, esteja se perguntando: existe um relacionamento verdadeiro que seja bom para todos? E, caso exista, a questão seguinte é: como chegar até ele? A resposta para a primeira pergunta é: sim. Já para a segunda, pode não ser muito agradável: o único passo eficaz que eu conheci até agora é **abrir mão do controle e da segurança**. Do controle de que a empresa é capaz de prever e influenciar as reações dos clientes e da segurança de que a empresa está sempre fazendo o melhor e pode evitar qualquer tipo de problema. O caminho é desistir da ideia de que a empresa e o cliente não causam nenhum mal um ao outro com suas ações.

Até que esses passos sejam dados, teremos um relacionamento fantasioso, superficial. Mas não desanime! Segundo alguns autores da área, estamos na era da verdade no relacionamento. Então, abra- -se à verdade no relacionamento da sua empresa com os seus clientes e aproveite, pois, é dessa abertura que vem a real liberdade.

7 - COMO "CONSERTAR"

DE forma consciente ou não, somos co-criadores de nosso destino. Seja como pessoa ou como empresa. **Todo efeito tem uma causa**. E a responsabilidade pelo mundo empresarial que vivemos é de todos: clientes, empresas (e empresários), governo e sociedade. E trabalhando com consultoria sobre relacionamento tive a oportunidade de ver na prática aquilo que já há algum tempo eu suspeitava: clientes atraídos por promoção só querem uma coisa – promoção. Causa e efeito!

No início do projeto em um de nossos clientes, a responsável pela condução nos falou que a empresa tinha literalmente uma sala de cupons da última promoção. Como bom profissional de marketing direto, disse a ela que era uma ótima oportunidade para aumentar o número de pessoas na base de dados para relacionamento. Essa gerente nos disse:

– Pois olhem, na promoção do ano passado nós seguimos essa ideia. Dos milhões de cupons que recebemos, pegamos uma amostra de mais ou menos 100 mil e mandamos para digitação. E descobrimos que menos de 1% dessas pessoas figura em nossa base de dados.

Até aí, me parecia uma ótima oportunidade para aproveitar os 99% dos nomes restantes. Mas ela continuou:

— Nós iniciamos uma estratégia de relacionamento com essas pessoas sem muito sucesso. E acabamos por descobrir que o que elas queriam mesmo era um relacionamento curto, muito curto, do tipo promoção!

Quando se fala de relacionamento, existem dois princípios fundamentais que fazem "a roda girar". Para quem é casado ou tem um relacionamento estável com outra pessoa, talvez o que coloco a seguir seja de fácil entendimento. **São os princípios de ativação e aceitação**. Ou masculino e feminino. Ou ainda razão e emoção. **Um não existe sem o outro**. E a natureza é prova disso.

Em poucas palavras, diria que a ativação é a ação em si. E isso é tão real em nossos dias que falamos de "ativação de clientes". É praticamente agir pelo cliente sem deixar que ele tome qualquer "re-ação". A sua contraparte? A aceitação, o movimento interno de deixar as coisas acontecerem. Quem já trabalhou no campo sabe exatamente o que significa a "fé" de que a semente irá brotar.

Nas empresas, *criação é a união dessas duas coisas – ativação e aceitação, ou masculino e feminino*. Novamente, razão e emoção. O equilíbrio entre os dois é (assim como na natureza) fundamental. Ativação demais causa dependência! Aceitação demais causa paralisia – ou preguiça mesmo!

Olhando para os relacionamentos entre empresa e pessoas, vejo um excesso de ativação na maior parte dos relacionamentos. A ação do tipo promoção é o princípio extremo da ativação. É fazer o possível (e às vezes até o impossível, vendendo abaixo do custo) para que o cliente compre alguma coisa – "façamos a roda girar um pouco e daí seguimos". O problema é que não dá para fazer isso o tempo todo. Que ver?

Imagine um dos maiores portais de busca do mundo (bem, acho que não precisamos falar de nomes, não é mesmo?). Não conheço profundamente a sua história, mas sei que no princípio houve alguma atividade de ativação – colocar um servidor no ar, desenvolver um algoritmo de busca, buscar páginas e formar um índice inicial, disponibilizar uma página, convidar pessoas e então... esperar... A partir daí a atividade passa a ser muito mais de manutenção e espera do que de ação. Até porque ficar mexendo demais no algoritmo ou na página inicial dificulta o entendimento e a continuidade de acesso dos usuários.

Portanto, a partir desse ponto da espera, as pessoas tiveram, sim, de tomar uma ação: a ação de digitar www.buscador.com. Muitas, milhares de vezes. Até que isso se tornasse grande o suficiente para que o buscador já viesse configurado como página inicial de diversos dispositivos, as pessoas tiveram de tomar a ação de colocá-lo como sua página inicial ou digitar seu endereço a cada nova busca.

―――――――||―――――――

O EQUILÍBRIO ENTRE OS DOIS É (ASSIM COMO NA NATUREZA) FUNDAMENTAL. ATIVAÇÃO DEMAIS CAUSA DEPENDÊNCIA! ACEITAÇÃO DEMAIS CAUSA PARALISIA – OU PREGUIÇA MESMO!

―――――――||―――――――

E, a partir daí, parece tentador que façamos a parte do cliente e deixemos tudo configurado para que ele nem precise se lembrar da marca do buscador. Bem, a curto prazo, pode ser mesmo a melhor opção para os atuais clientes. Mas pense nos seus filhos. Se eles nunca precisarem digitar o endereço, é possível que em algum momento o www.segundomaiorbuscadordomundo.com comece a trabalhar a divulgação de marca, e aí é uma questão de tempo para que as coisas mudem – ok, levará alguns anos, mas é certo que o cenário pode mudar. Novamente: causa e efeito!

Trabalho com empresas de *telecom* no Brasil desde o início das privatizações. Hoje parece um cenário inevitável a baixa qualidade. Mas a verdade é que esse cenário não foi construído da noite para o dia. Foi tanta ativação que o cliente não participou da construção de nada. Tornou-se um espectador passivo de tudo isso. **A indústria criou um mercado dependente de promoções e uma queda de braços para conseguir quebrar os subsídios de aparelhos.** Seria fácil, neste momento, dizer que apenas empresas e empresários desse setor são os responsáveis pela baixa qualidade do relacionamento. Mas a verdade é que estamos dentro deste imenso local, comum a todos nós, chamado planeta Terra.

É extremamente agradável pedir e receber descontos. Mas agir para que o preço seja justo logo de partida dá um pouco mais de trabalho. Segundo uma pesquisa do Instituto Akatu, existe, sim, uma preocupação, ainda que pequena, com formas mais conscientes e sustentáveis de consumo e com a distância de práticas nocivas de se fazer negócios. Mas, na prática, quase nenhuma ação real por parte dos consumidores. O que mostra uma distorção do princípio feminino (ou aceitação), isto é: **consome-se o que se tem à disposição, sem exigir nenhuma mudança.**

Somente quando consumidores e empresas começam a perceber o efeito de suas ações diárias de compra e venda é que o mercado tem uma real chance de mudança, que pode levar ao relacionamento de melhor qualidade – e, naturalmente, mais consciente.

8 - COMO PERCEBER SE O RELACIONAMENTO É VERDADEIRO

SE relacionamento fosse um tema simples e objetivo, provavelmente não teríamos hoje nenhum tipo de conflito no planeta. Afinal, só de história humana documentada, já são mais de 5.000 anos de guerras, brigas e desavenças. Sei que temos mais tempo do que isso no mundo, mas esse número me parece uma referência suficiente para compreender que se trata de um tema desafiador para todos nós.

Tirando de lado os casos extremos, *a maior parte das pessoas busca algum tipo de felicidade nos relacionamentos*. Mas, se na maioria dos casos as pessoas (e as empresas) entram em um relacionamento para serem felizes, a pergunta então é: o que acontece no meio do caminho para que desistam? É um tanto desafiador fazer a colocação a seguir, mas tenho percebido *que a maturidade emocional (pessoal ou empresarial) é uma das primeiras referências*.

Se o cliente esperar que a felicidade só aconteça quando compra um determinado produto que queria, então naturalmente a felicidade só se concretizará uma segunda vez se este produto for novamente consumido, e novamente consumido, e assim por diante. Da mesma forma, para uma empresa, se a realização está apenas em conquistar novos clientes, então aquisição será sempre a ordem do dia. Por outro lado, considerar que o que acontece fora (as ações) das pessoas e das empresas tem impacto apenas relativo no todo (as emoções) indica maturidade emocional.

    Veja o caso de grandes empresários que tiveram sucesso em suas trajetórias. Li e assisti pessoalmente a vários e vários depoimentos de pessoas consideradas "de sucesso". Em todos os casos, dois fatores sempre se repetem: essas pessoas fazem o que gostam e, a despeito de toda e qualquer dificuldade, continuam a persistir. Olhando para os relacionamentos, minha visão é que seguir adiante (a despeito das dificuldades) significa que *iremos trabalhar o relacionamento ("no matter what"), pois consideramos que a chave do sucesso está dentro, e não fora*. Em contrapartida, a infelicidade está em quem tem uma visão oposta, ingênua até eu diria: a de que "só serei feliz (como pessoa ou empresa) se tiver o que quero".

———————— | | ————————

CONSIDERAR QUE O QUE ACONTECE FORA (AS AÇÕES) DAS PESSOAS E DAS EMPRESAS TEM IMPACTO APENAS RELATIVO NO TODO (AS EMOÇÕES) INDICA MATURIDADE EMOCIONAL

———————— | | ————————

Algo que me intriga é como algumas pessoas (e suas empresas) fazem prioritariamente o que gostam e ainda assim estão com a carteira cheia de pedidos. Meu palpite é que, *para criar um relacionamento de sucesso, é necessário que os dois lados se sintam realizados*. Não adianta fazer o que não gosta somente porque o cliente quer. Sim, atender bem o cliente está nos melhores manuais de relacionamento, mas isso não significa fazer o que o cliente quer a qualquer preço. *É preciso também devolver a ele sua responsabilidade sobre o relacionamento*.

E, se pedras virão no caminho, então é melhor saber quais são elas. A primeira pedra é considerar equivocadamente que a felicidade está fora. É tentar construir um relacionamento através da dominação. É escolher a bola, o campo, os dois times e o juiz, antes de começar o jogo. É tentar tirar todas as incertezas do caminho e garantir que o resultado será como o esperado. Porque o *pressuposto básico de um relacionamento é justamente a incerteza: a de descobrir a todo momento um outro universo – o outro*.

E num relacionamento inevitavelmente chega o momento em que descobrimos que *na verdade não temos nenhum controle sobre o outro*. É um ponto desafiador e, sim, às vezes é difícil... O cliente liga quando a gente não quer, pede o que não estamos preparados para oferecer, e ao final ainda reclama! E por parte da empresa? Promete o que não pode cumprir, entrega um produto inferior ao esperado, demora na entrega. Pedras no caminho...

A segunda pedra é o outro lado dessa mesma moeda. É abrir mão do controle e trazer toda a responsabilidade para si. É buscar a perfeição **ABSOLUTA**. É a intolerância a qualquer tipo de erro. É o pensamento de: "se como empresa eu for perfeito(a), então o cliente irá me amar. Ele irá comprar o que eu tenho para oferecer. Ele sequer irá questionar". Coloquemos os pingos nos "is": não estou falando aqui de um desejo de superar os próprios limites. Do desejo de oferecer ao outro (o cliente) o melhor que podemos. Mas sim de **um desejo a partir de uma troca**. Eu faço o melhor e então obrigatoriamente você me ama. Em qualquer situação que seja, quem deseja um amor assim?

Relacionamento pressupõe imperfeição, para que todos fiquemos mais tranquilos, dos dois lados: empresas e todas as pessoas que se relacionam com ela. Tudo nesse caso é imperfeito. **A perfeição vem da busca, e não da aproximação**. E esta eu diria que é uma pedra difícil de se retirar do caminho. Afinal, quantas empresas se sentem tranquilas o suficiente para olhar para si mesmas com tanta atenção?

Uma forma de remover essa pedra que venho observando é deixar que o outro seja da forma como ele é ou deseja ser. Se o cliente não lê o material impresso que encaminhamos junto com o produto e depois abre um chamado nos órgãos do consumidor porque não se sentiu informado, se ele é injusto, se reclama à toa; não importa o motivo: aceitamos as coisas como são. *E aceitar significa não reagir*. Mais uma vez: não estou dizendo com isso que devemos ser passivos. Mas talvez pacíficos, sob o ponto de vista de aceitar o que é, como é. E essa aceitação abre as portas para um agir. Um agir assertivo. **PRESENTE**.

Se, por exemplo, os clientes não pagam, não significa que iremos ignorar isso, pois é algo que pode levar a empresa a fechar. E aí, ninguém ganha. Mas talvez seja preciso reconhecer, sim, que temos um problema de recebimento, de caixa. Os clientes não pagam. Do contrário, se o problema for direcionado para o cliente, o mais fácil seria armar a maior guerrilha de cobrança. Cartas e mais cartas, um SMS a cada 30 segundos, enviar todos os maus pagadores para negativação, enfim, apenas "reagir".

O agir, em contrapartida, pode ser extremamente diferente. Reconhecendo que temos um problema de recebimento e olhando honesta e profundamente para isso, podemos identificar que a empresa não está vendendo para o público correto; que talvez esteja concedendo crédito quando não deveria; que os produtos têm baixa qualidade e a reação natural dos clientes pode ser não pagar. Ou seja, o *foco muda de fora para dentro. O problema ainda pode estar no cliente, mas não mais é ele*.

Para fechar este capítulo, eu diria que uma excelente ferramenta é o controle. Não o controle externo, mas o **autocontrole**. É parar de reagir frente aos relacionamentos. É começar a apenas agir. É considerar o que temos de ferramenta na mão agora e qual seria o melhor caminho para que todos subam mais um degrau: a empresa, seus clientes e o relacionamento entre eles.

9 - COMO TER FORÇAS PARA SUSTENTAR A RELAÇÃO

HÁ alguns anos, tive a rara oportunidade de participar da concepção da missão da empresa que eu havia iniciado um tempo antes. Como era uma equipe pequena, tivemos a participação de literalmente toda a empresa. O processo foi facilitado por um profissional que, pela minha percepção, não havia planejado fechar o trabalho de aproximadamente um ano daquela forma. Foi o último de três encontros que estavam previstos com toda a equipe.

Tenho a impressão de que aquele foi, de alguma forma, um momento mágico. Daquelas raras oportunidades em que a vida muda o seu curso diante de nossos olhos. Depois de algumas idas e vindas, a frase que seria a base de nosso trabalho dali em diante começou a se formar. Não tenho referência de quanto tempo isso levou, mas deve ter sido algo entre duas e três horas de intenso trabalho.

Ao final, senti um grande peso sobre minhas costas. O facilitador perguntou a todos: "Esta é a missão da empresa?", e leu a frase que acabava de ser finalizada. Ele então olhou para mim e perguntou: "Você está de acordo?". Um longo silêncio depois, eu voltei a pergunta para as pessoas que estavam presentes: "É isso que vocês querem?".

Foi um diálogo um tanto estranho, mas percebi que naquele momento eu tinha uma escolha. Assim como todos que lá estavam. Uma escolha consciente sobre o caminho a seguir. Notei, porém, que a única escolha que cabia a mim ali era aceitar ou não o desafio. A escolha do que fazer não era mais minha. Meu único papel era servir a algo que já estava definido. Restava apenas realizá-lo. Ou não!

Dois ou três anos depois desse dia, uma das pessoas que esteve presente naquele momento chegou para mim e disse: "Eu acho que a empresa não está indo pelo caminho que gostaríamos, você precisa olhar para isso!". Então percebi que, mais do que ter boas qualidades administrativas, de gestão e relacionamento com pessoas, alguém que escolhe liderar está servindo aos outros, a todos os envolvidos: aos seus clientes, ao seu público interno, à sociedade de forma geral e aos acionistas. Quando uma empresa escolhe servir a apenas um desses grupos isoladamente, deixando os outros de fora, o "desencaixe" se inicia. Não conto essa história por presunção ou orgulho, apenas para trazer um exemplo pessoal sobre a importância de que **LIDERAR É SERVIR**.

Um líder deve estar disposto a sustentar algo. Independentemente do desafio e das dificuldades, é a escolha de manter viva a "chama" que torna a vida das pessoas melhor a cada dia. Muitos ventos e muita água cairão sobre essa chama. Alguns tentarão até apagá-la. Cabe ao líder mantê-la acesa. Percebi ainda que *quanto maior a empresa (ou o governo, se quisermos olhar de forma mais ampla) maior a sedução de poder para quem lidera. Cria-se a falsa impressão de que se está sendo servido.* Afinal, passa-se a ser o Sr./Sra. Presidente, e começam os mimos e paparicos.

Ainda são raros os casos de empresas e de governos que têm a clareza de que estão servindo aos seus clientes e liderados. Um amigo meu diz, com certa convicção, que empresas que não servem à sociedade deveriam fechar. E com base nisso é que sigo adiante...

Dentro da montanha russa de emoções que é ter um negócio aberto ao público, as coisas só funcionam diariamente porque alguém (ou "alguéns") coloca energia todo dia para que a empresa vá em frente. Seja energia vinda do dinheiro do cliente ou de investidores, do trabalho e do esforço braçal e intelectual das pessoas, e por aí em diante. O grande desafio, porém, é saber direcionar adequadamente toda essa energia.

Levando esse tema para o âmbito pessoal, a ioga (técnica que tem como fim a conexão de seu praticante com o todo) tem a função (além de outras questões mais profundas) de permitir que o iogue (praticante dessa técnica milenar) saiba como controlar sua própria energia vital. E, se no nível individual isso é tão desafiador que pode levar muitos e muitos anos, e ainda assim não se chegar muito longe, imagine em um nível mais amplo. Prova disso é que temos hoje um planeta que sofre porque seus "moradores" não têm a menor ideia de como gerenciar adequadamente seus recursos!

Chegamos aqui a um ponto importante, e que requer atenção. Comecei a perceber que a energia que move a construção é a mesma que move a destruição. *A energia que move um bom relacionamento e a união é a mesma que move a separação.* Pareceu-me um tanto estranho, mas comecei a perceber que estamos aqui falando de escolhas. O curioso é que esse direcionamento de energia não acontece ao acaso, tampouco de forma consciente em todas as situações. Existe aí um ponto muito, muito delicado: a ligação da energia criativa com as situações negativas. Explico. Quando a pessoa de nossa equipe disse: "Não estamos na direção correta", ela estava sinalizando que nossa energia estava sendo colocada em algo contrário ao que definimos. Se nossa proposta era atender bem nosso cliente, talvez isso não estivesse acontecendo naquele momento.

Então, **como melhorar o Relacionamento dentro e fora da empresa?** Alguns pontos:

É VITAL QUE HAJA UM PATROCINADOR.
Alguém (que pode ser uma única pessoa ou um pequeno grupo de líderes) que decida conscientemente sustentar a ideia

de um melhor relacionamento. Se o relacionamento não está indo bem, é fato de que a energia está conectada com algo que está sorvendo-a da empresa. Pode, por exemplo, ser a raiva e a incompreensão por não se conseguir realizar o melhor que se sabe que é possível. É, portanto, necessário trazer à consciência o que não está indo bem.

É PRECISO TER CORAGEM DE ACEITAR QUE AS COISAS PODEM DAR CERTO!

Soa estranho? Mas infelizmente é comum. Você talvez conheça pessoas que têm medo do sucesso e da felicidade. Alguém que vive falando sobre como as coisas dão errado todos os dias e quantos problemas existem. Sua energia está direcionada para o problema, e não para a solução. É preciso então recanalizar essa energia, e aceitar que algo pode dar certo! "E se o cliente ficar feliz e sorrir para mim, o que eu faço?"

É PRECISO AINDA ACEITAR QUE AS COISAS NÃO SERÃO PERFEITAS.

Este é um mundo imperfeito. Ter um bom relacionamento significa melhorar a cada dia, e não ser perfeito hoje e sempre. É em primeiro lugar uma decisão, e depois um esforço diário.

POR FIM, É PRECISO QUEBRAR AS DECISÕES EM PARTES MENORES.

Não caia na tentação de tentar mudar tudo agora. Enquanto alguém sustenta a decisão de que o relacionamento precisa melhorar, outro vão trabalhando para isso em diferentes frentes. A mudança começa dentro e vai se refletindo fora aos poucos. Portanto, plante sementes de melhoria, proteja-as e espere que elas floresçam.

BUSQUE DIARIAMENTE "RE-CONECTAR" A ENERGIA VITAL DO NEGÓCIO COM AQUILO QUE TEM A VER COM A ESSÊNCIA DE SUA EMPRESA.

Pode ser algo simples, como: "vamos refazer o treinamento para que nossos colaboradores saibam novamente como tirar o melhor café que podemos entregar para nossos clientes". É amar aquilo que se está fazendo agora, e fazer com amor aquilo que se apresenta. Simples, mas eficaz!

10 - "E SE MEU PASSADO ME CONDENA?"

SE você já abriu um novo negócio, sabe dos desafios de realizar as primeiras vendas. Por mais dedicação e carinho que se tenha em fazer algo novo e belo, nem sempre isso é reconhecido da mesma forma como o fundador da empresa enxerga. Uma empresa nascente é como uma criança, precisa de cuidado e de atenção, tanto por parte de quem a criou como da sociedade em que ela está inserida. Não espanta a taxa de mortalidade das empresas entre os primeiros cinco a dez anos, por ignorarem esse fato.

Assim como uma criança, uma empresa jovem necessita de cuidados básicos: alimento (receita financeira), atenção (suporte interno e externo), algumas regras simples de convivência (organização legal e funcional) e, algo que vejo como essencial, liberdade de expressão. Como um bebê que cresce, a empresa irá começar a andar, correr, cair, às vezes se machucar e novamente voltar a caminhar. E é durante esse percurso que algumas sementes são plantadas. Algumas de amor, e outras de dor. E são justamente as sementes de dor que, no momento em que a empresa começa a crescer de verdade, vêm à tona. Porque, como se diz, o passado não integrado, ou seja, que não resultou em lições, não é possível de ser esquecido.

E como surgem essas sementes de dor? Imagine por um instante a seguinte situação: a pessoa arruma um cachorro e todo dia chega em casa e dá uma surra no bichano – e, não, pelo amor de Deus, não faça isso em casa! (O tal do Pavlov já fez coisas estranhas o suficiente em nome da ciência.) Mesmo sem fazer esse teste maluco, é possível saber que se espera duas reações naturais do coitado do cachorro: um medo descontrolado quando vê o dono ou, em algum momento, sua revolta, mordendo a pessoa de volta.

Sem fazer tanto drama, basta dizer que as empresas também sofrem reveses diários, que vão deixando marcas. É o cliente que não paga, é o fornecedor que não entrega, é o funcionário que não cumpre o combinado. A empresa também gera suas próprias marcas. Promete algo aos clientes e não cumpre, oferece um produto que faz quase" (mas não) tudo o que a propaganda fala. Seja de uma forma ou de outra, essas "marcas do crescimento" ficam lá, em algum lugar no coração da empresa.

ASSIM COMO UMA CRIANÇA, UMA EMPRESA JOVEM NECESSITA DE CUIDADOS BÁSICOS: ALIMENTO (RECEITA FINANCEIRA), ATENÇÃO (SUPORTE INTERNO E EXTERNO), ALGUMAS REGRAS SIMPLES DE

CONVIVÊNCIA (ORGANIZAÇÃO LEGAL E FUNCIONAL) E, ALGO QUE VEJO COMO ESSENCIAL, LIBERDADE DE EXPRESSÃO.

―――――― | | ――――――

Mas saiba: mesmo com todas as dificuldades, a vida sempre caminha para o melhor. Sendo assim, a empresa e a sociedade em que ela está inserida irão tentar reparar cada uma dessas marcas. Como? Nas suas relações diárias! Cada contato passa a ser não um servir melhor, mas uma forma de reparar uma conta que ficou em aberto. Seja pelo lado dos clientes, seja pelo lado da empresa.

No entanto, até que a consciência desses fatos se torne aparente, é como andar às cegas. Os problemas surgem a cada dia e não se sabe nem por onde começar. E quero aqui chamar a atenção para o fato de que não existem vítimas. Em nenhum dos dois lados! Enquanto isso não for encarado, nas empresas e na sociedade (representada pelas pessoas como consumidores), não teremos uma evolução.

Será que você está achando que eu estou exagerando? Pois há um documentário americano que conta em detalhes como algumas cidades nos Estados Unidos se organizaram para evitar que grandes redes varejistas instalassem suas lojas na cidade, depois que começou a ficar aparente que a entrada de algumas lojas estava acabando com o comércio local. Sem fazer nenhum tipo de julgamento de valor – se isso é bom ou não –, o fato é que **as pessoas se deram conta de que as empresas devem servir aos seus clientes, e não o contrário**. E por causa disso se mobilizaram.

Vi mais de uma vez referências de que se metade das marcas mais conhecidas sumissem do mercado da noite para o dia ninguém iria sentir falta. Isso aponta que *a importância que as empresas dão para si mesmas está totalmente desconectada da realidade*. Parece um beco sem saída? Fique tranquilo, existe uma saída.

O primeiro passo é encarar os problemas diários como sinais de que algo está pedindo para ser olhado, evitando a busca por culpados e a tão famosa caça às bruxas. O segundo passo é olhar para a raiva, a ansiedade e o ressentimento que naturalmente irão surgir – acredite, descobrir no final do mês que um cliente "esperto" ligou para o seu SAC no final de semana do celular e deixou a linha pendurada por 48 horas só para receber créditos da operadora dele no pré-pago não é muito fácil de engolir!

A próxima camada a ser atingida é a camada onde aquela semente de dor brota... Lá do passado ela vem à tona e diz para você: "eu tentei oferecer meu produto da melhor forma e é assim que o cliente retribui depois de tantos anos de relação?". Aqui, vale ter um cuidado especial: **não entre na sedutora conversa de achar que existem "clientes bons" e "clientes ruins"**. Sim, isso pode até ser uma verdade (provavelmente é), mas se usá-la isso será suficiente para justificar os problemas por algum tempo, não fazer nada, e depois disso vê-los retornarem com mais força. Portanto, entenda: *se o seu atendimento ao cliente é ruim, isso é válido tanto para os "bons" como para os "maus" clientes*.

Aí vem a pergunta-problema: "se eu aceitei tudo de bom grado, ainda que com alguma dificuldade, por que o problema na relação com o cliente permanece?". Honestamente, não tenho a resposta definitiva, mas tenho uma pergunta que tenho visto abrir um mundo de possibilidades: "apesar de toda essa dificuldade e de saber de todos os defeitos dos seus clientes, seus (como empresa) e de tudo mais, **ainda assim você ofereceria o seu melhor para o seu cliente?**".

Admito que essa seja uma das perguntas mais desafiadoras que já pude enfrentar. Mas um tal de Steve Jobs, em uma rodada com as maiores gravadoras do mundo, teve de encará-la. Ela foi feita mais ou menos assim: "Steve, você está nos dizendo para vender as nossas músicas a um custo muito inferior ao preço pelo qual vendemos um CD? Você ainda está dizendo para deixarmos essas músicas em um formato aberto, para que as pessoas passem para todos os seus amigos, mesmo depois do Napster quase ter acabado com a nossa indústria?".

A resposta? Um estrondoso: "Sim, pois eu acredito que talvez 20% das pessoas não estejam nem aí para os direitos autorais, e vão continuar baixando as músicas de graça – o que, por mais que tentem, vocês não irão conseguir impedir. Mas também acredito que 80% das pessoas certamente querem comprar músicas de forma legal e ir dormir tranquilas. O único problema é que isso não está disponível hoje em escala industrial e organizada".

Felizmente o caro Steve estava certo. Enquanto termino de escrever este capítulo, ouço músicas que tive a oportunidade de comprar on-line graças à coragem e à atitude dele.

11 - COMO RESOLVER SE FICAR PESADO DEMAIS

A proximidade entre o que acontece nas relações pessoais e nas relações que temos com as marcas me parece tão grande que alguns termos remetem a um sentimento exclusivo aos casais apaixonados. Falo de algo tão natural e eventualmente tão ignorado, que é **A NECESSIDADE DE SER AMADO**.

Trazendo isso para as marcas, significa ***ser escolhido mesmo sendo o produto ou serviço mais caro no rol de opções***. É quando o cliente nos escolhe sem conseguir dar uma justificativa racional. A **EMOÇÃO**, a **RAZÃO** e o **BOLSO** começam a ter um peso equilibrado entre si.

Na "infância" de uma empresa, o reconhecimento desse desejo é extremamente aparente. Inúmeras são as histórias de empreendedores que saíram de porta em porta para apresentar suas marcas até que elas se tornassem conhecidas... e amadas. Mas, mesmo depois que a empresa cresce e floresce, essa necessidade de receber atenção permanece. Afinal, gostaríamos de receber tanta atenção quanto achamos que nossos concorrentes recebem.

Está se enxergando nessa situação? Cuidado! Este é o início de uma jornada perigosa. Porque, quando começamos a perceber que nossa marca talvez não seja tão amada quanto achamos que ela deveria, *podemos cair no erro de passar a buscar referências externas para substituir a eventual "dor" de não ser amado ou escolhido.*

Certamente é mais fácil justificar que "o mercado está em queda", "o consumidor mudou", "as linhas de crédito estão mais restritivas". Sim, tudo isso pode ser verdade, e tem natural influência. Mas, comparado ao desafio de colocar uma nova marca no ar, isso é basicamente brincadeira de criança. Que o digam os grandes empreendedores!

A verdade é que é um tanto doloroso aceitar o fato de que gostaríamos de ser a marca escolhida, mas que eventualmente isso pode não acontecer. Sendo assim, passa-se a buscar algum substituto externo como justificativa, uma busca que pode ser extremamente sutil. Ela pode acontecer antes mesmo de os primeiros sinais da "não escolha" estarem aparentes.

Sem fazer nenhum tipo de julgamento sobre indicadores reconhecidos de mercado – como Market Share, Share of Wallet, Top of Mind, e assim por diante –, preciso dizer que o desvio de rota começa quando esses indicadores externos passam a ser o guia, e não mais a referência. Sim, é importante sabermos em que situação estamos como marca. É importante saber como estão as pessoas que atuam no mesmo mercado. *O problema é quando o mercado se torna um grupo de números e gráficos e deixa de refletir as pessoas que o formam*. Eu diria que o veneno é "tentar se enquadrar". É começar a fazer as coisas com base na concorrência ou em outra referência externa, deixando de lado, sem perceber, alguém que foi importante no passado: o cliente!

De forma prática, o **PRIMEIRO PASSO** para retomar o pulso é ter a consciência de que, sim, pode ser doloroso não estar sendo escolhido naquele momento. Somente a partir daí é que começamos a ter alguma referência do que pode estar acontecendo "dentro de casa". É possível ainda que se tenha um resultado positivo por algum tempo com ações pouco conectadas com a marca, feitas apenas na direção de reagir a uma identificação externa, como a queda nas vendas de um determinado produto. É claro que promoções funcionam, e sempre funcionarão. O que eventualmente acabamos nos esquecendo de que elas são temporárias e mostrarão um resultado decrescente ao longo do tempo.

O sucesso de uma marca só é verdadeiro quando ele impacta positivamente a vida das pessoas. Não me refiro aqui apenas a uma pesquisa de satisfação. A pergunta para o cliente é: "em que o nosso produto ou serviço ou até mesmo o fato de nossa marca estar próxima de você torna melhor a sua vida?". *É isto o que realmente importa: o que uma marca está agregando de valor para as pessoas*.

A possibilidade que se abre com isso é que a marca passa a fazer as coisas não mais esperando um reconhecimento – pois é quase impossível saber exatamente o que as pessoas esperam de nós como marca. Isso é mutável e difícil de colocar em palavras. Mas o único reconhecimento verdadeiro é aquele que é recebido de graça. Fazemos o que precisa ser feito simplesmente porque este é o melhor a se fazer, não porque alguém está cobrando ou trará algum tipo de reconhecimento garantido no final. Isso é **INTEGRIDADE**.

Embora ainda seja doloroso não ser a marca escolhida em algumas situações, começamos a fazer as coisas com base no coração da empresa. Aquilo que mobiliza as pessoas a fazerem o seu melhor diariamente.

O **SEGUNDO PASSO** nessa jornada é dar a liberdade ao cliente para que ele possa, eventualmente, não nos escolher. Em uma relação que funciona há de haver liberdade dos dois lados. A pergunta para uma empresa é: mesmo que alguns clientes não gostem dos seus produtos ou até distratem a marca, sua atitude continuará sendo a mesma de forma positiva?

A pergunta parece estranha, mas uma conhecida marca americana de varejo faz a troca ou o reembolso dos produtos sem questionamentos. O caso mais famoso foi de um cliente que teve o reembolso de um produto que nunca havia comprado na loja. Quem contou isso não foi a loja, mas o próprio cliente, que posteriormente se desculpou publicamente, pois havia se equivocado. Ele contou como achou a atitude da marca admirável, ao trocar um produto que não os pertencia, apenas por ele ter dito que tinha certeza de haver comprado lá.

Tenho a impressão de que **muitas das dificuldades que surgem vêm da falta de objetividade para algo que em essência é subjetivo**: a relação em si. Às vezes falta um pouco de clareza e de abertura para admitir, por exemplo, que a relação está ruim. E somente essa objetividade pode trazer o próximo passo no relacionamento.

Começo a perceber que marcas que têm uma boa relação com seu público têm algumas características para as quais vale a pena olharmos com mais atenção. Essas empresas:

> permitem-se não serem amadas e escolhidas, o que abre a porta para que reconheçam seu próprio valor, e ajuda ainda a não criar subterfúgios para serem escolhidas. Tipicamente são marcas que fazem menos promoções do que seus pares.

› não tentam controlar a relação, mas têm a humildade de saber que o cliente pode escolher outra marca se assim o quiser.

› olham para o relacionamento de forma objetiva: se está tudo bem, está tudo bem; se não está, não vamos maquiar a situação. Esse tipo de atitude abre a oportunidade para se fazer o que precisa ser feito, e não mais o que se imagina que deveria ser feito.

› olham para os indicadores externos como balizadores de como estão e como referência para melhoria, mas não como diretrizes. Isso significa que podem tomar atitudes impopulares, mas que sejam o melhor a se fazer num determinado momento.

› se fossem pessoas, diria que têm uma personalidade **MADURA**. Elas agem com tranquilidade mesmo em condições adversas. "É tudo parte de um jogo passageiro, os bons e os maus momentos. Ao final, é nossa atitude interna que dirá como estamos nos saindo", pensam; e agem corretamente.

Bem, a esta altura do jogo você pode estar pensando algo como: "acho que esse negócio de relacionamento com clientes não é para mim. Dá muito mais trabalho do que eu tinha pensado...". Sim, talvez seja verdade. É provável que dê mais trabalho do que a maioria das pessoas imagina. Afinal, se você pegar entre dez e vinte pessoas próximas, quantas você conhece que são casadas por mais de 15 anos? E se nas relações pessoais, em que há tipicamente um compromisso formal, essa permanência não acontece, o que será das relações entre empresa e clientes, em que não há normalmente nenhum tipo de acordo formal?

Então, o que fazer quando a empresa se dá conta de que, sim, há muito trabalho pela frente? Um conselho que posso dar é: escolha fazer coisas que tragam algum tipo de satisfação interna. Talvez lançar um **remake** de um produto que já fez sucesso no passado. Não pela expectativa de retorno financeiro, mas pela simples alegria de relembrar bons momentos. Em uma relação a dois, essa "re-lembrança" do passado às vezes ajuda a aliviar a tensão do momento atual, e a abrir uma janela de reconciliação e crescimento mútuo.

12 - E DAQUI PARA FRENTE?

SE existe um capítulo mais difícil do que os outros para o Brasil e os brasileiros dentro dos relacionamentos, eu diria que é este, pois é necessário ter objetividade! E ser **OBJETIVO** significa falar a verdade de forma clara e transparente. Não trato aqui de algo conhecido como verdade brutal, que é falar a verdade a qualquer custo, sem medir as consequências, com a simples meta de tirar de si o incômodo emocional momentâneo. A verdade é intolerante..., mas paciente! A subjetividade, em contrapartida, vem de uma verdade "matizada", uma meia-verdade, uma omissão ou até mesmo uma mentira.

Opto, aqui, por começar do fim para o início: chegar até a objetividade demanda **ESCOLHA** e **CORAGEM**. *Escolha* de construir melhores relacionamentos e *coragem* para seguir adiante e agir, a despeito do que for se descobrindo durante o caminho.

O **PRIMEIRO PASSO** é saber que iremos abrir espaço para considerar que a empresa pode estar equivocada sobre o olhar que tem sobre as pessoas de sua relação: sejam clientes, funcionários, fornecedores ou qualquer outra pessoa. Em seguida, vem a *escolha*. E, nesse caso, escolha significa um **PLANEJAMENTO ESTRATÉGICO**. Existe, claro, uma infinidade de técnicas e ferramentas para fazer isso. Mas o que eu gostaria que você, leitor/leitora, guardasse é que, quanto mais claro for o seu destino, mas fácil será passar pelas dificuldades (e certamente elas virão).

Subjetividade para uma empresa, em contrapartida, pode ser considerar o cliente como **achamos** que ele é. É como alguém que, ao colocar um par de óculos, acha que passou a enxergar as pessoas não apenas com mais nitidez, mas em seu interior. É preciso saber que existe algo mais potente que os óculos que estamos utilizando. Um *database de marketing*, por exemplo, ajuda bastante a refinar a real visão do cliente. Ele é como se fosse o raio x para a nossa visão: vai além da nitidez que os óculos dão. E ignorá-lo, fingir que só os óculos já nos fizeram ver por completo, pode atrapalhar a visão correta. Veja um exemplo:

Até poucos anos atrás, uma pessoa que fosse cadastrada em uma entidade de proteção ao crédito tinha o seu nome manchado definitivamente. Mas alguns empresários identificaram que, em muitos casos, essa situação era momentânea. Eles abriram espaço para a dúvida e começaram a perceber que algumas dessas pessoas não *"eram"* inadimplentes, mas sim *"estavam"* inadimplentes. Passaram, assim, a considerar que, mesmo com o nome negativado, alguns clientes mereciam crédito para realizar novas compras. Ao longo do tempo, isso se mostrou assertivo e fez nascer novas estratégias comerciais.

Este passo do planejamento estratégico (ou da escolha, se preferir) é bastante importante. *É ter a clareza de onde de fato estamos*.

Voltando à objetividade; sim, alguns clientes permaneceram inadimplentes, ou até mesmo identificou-se que haviam casos de fraude. Mas ter considerado que todas as pessoas eram iguais (subjetividade), deixou enterrado por muito tempo a oportunidade de novos negócios. *Com esse modelo de objetividade, no entanto, começamos a diferenciar o que são fatos e o que são percepções*.

A falta de objetividade para olhar o cliente e a relação normalmente é contaminada por dois fatores:

> ❯ **RIGOR** — que significa uma visão "binária": o cliente é isto ou aquilo. É o que leva, na minha opinião, muitos profissionais a erros básicos, como considerar, por exemplo, que o fato de a pessoa dar um "curtir" na página da empresa significa que ela é cliente a todo momento e para sempre. *As pessoas são clientes da marca o suficiente para terem suas necessidades atendidas*.

› *IDEALIZAÇÃO* – que significa considerar que o cliente é aquilo que gostaríamos que ele fosse. Leva a pensamentos como: "nosso cliente é mais fiel que o da concorrência"; "nosso cliente paga em dia" etc. Sim, alguns clientes são mais fiéis à sua marca do que outros. Alguns clientes pagam em dia.... e outros não. Novamente, um suporte de base de dados pode ajudar muito a colocar os conceitos e preconceitos em seus devidos lugares.

Essa "vista grossa" sobre quem realmente é a pessoa com quem a empresa se relaciona tem dois motivos para acontecer:

1. *ORGULHO*: "nosso cliente não pode ter defeitos. Afinal de contas, os defeitos dos nossos clientes serão associados à nossa marca!".

2. *INSEGURANÇA*: "se o cliente não for aquilo que eu gostaria que ele fosse, então como ficam as coisas?".

O perigo é passar a navegar entre dois extremos: ignorarmos completamente os defeitos (e as virtudes) ou sermos extremamente severos no julgamento.

Descobrir que as pessoas que estão próximas da empresa não são o que ela idealizou, seja seu público interno ou externo, é eventualmente delicado. E esse incômodo vem nem tanto na descoberta, mas no momento em que "cai a ficha" sobre os simples óculos que a empresa escolheu utilizar para enxergar a realidade, quando poderia ter recorrido ao raio x.

Tendo feito toda essa análise, pode-se dar o **SEGUNDO PASSO**, que é *passar a enxergar as pessoas – dentro e fora da empresa – como elas são, com seus defeitos e virtudes*, e não mais como gostaríamos que elas fossem.

Não se apresse, essa habilidade de transpor águas turbulentas vem com o tempo. É como uma relação entre duas pessoas que se apaixonam: no começo, tudo são flores. Depois vêm as tempestades. Mas por fim começa-se a aprender que, além de todas as dificuldades e desafios na relação, existe uma flor de lótus, que merece ser regada e preservada.

13 - COMO SE PREPARAR PARA FINITUDE

SIM, como tudo na vida, os relacionamentos são finitos. Mas o que é o fim do relacionamento? Ou melhor, **QUANDO** acontece o fim do relacionamento entre uma empresa e seu cliente? E não falo aqui sobre aquele estágio na relação com o cliente em que a empresa o considera ainda apto a se enquadrar na categoria do chamado *win-back* ou recuperação/reativação. Trato aqui daquele momento a partir do qual não é mais possível retornar para um estágio anterior.

Buscando um exemplo prático, é aquele dia em que o escritor diz para a empresa que lhe vendia máquinas de escrever (talvez você leitor mais jovem não tenha mais a referência de que isso se trata, então sugiro que pesquise na internet): "você foi a minha preferida até agora. Nunca escolhi outra marca ou modelo, mas o mundo mudou. Eu agora escrevo em computadores. Até vejo um certo romantismo em apertar as antigas teclas, mas nem meu editor aceita mais os originais em papel".

Esse é um momento profundamente desafiador, que poderíamos chamar de *"o grande desconhecido"*.

Recentemente, um amigo me falou que um cliente que representava 35% do faturamento de sua empresa simplesmente reduziu seus gastos para 10% de sua fatura mensal. Alguns estrategistas diriam: "mas como a empresa deixou acumular um percentual tão alto em um único cliente?"; "vamos montar uma estratégia de pulverização da carteira"; "vamos reduzir o quadro de funcionários na mesma proporção", e por aí afora... Sem ignorar o quanto uma estratégia pode fazer por uma empresa, todas essas alternativas podem ser válidas, porém não é disso que trato aqui. Eu falo do delicado desafio de aceitar que as coisas chegaram (ou um dia chegarão) ao seu término.

Evitar aceitar que toda relação inevitavelmente um dia terá um fim é fingir não ser preciso encarar que um dia, logo ou distante, as coisas serão diferentes do que são hoje. É quase um paradoxo, eu sei. Como se manter firme na estratégia atual da empresa e ao mesmo tempo ter a leveza de mudar de rumo no momento certo? Indo direto ao ponto na resposta: **sendo realista com o começo, o meio e o fim**.

É, como empresa, um enfrentamento consigo mesma. É saber que o que a empresa faz hoje poderá não estar mais fazendo amanhã. É aceitar que a escolha consciente do relacionamento com o cliente será como uma bússola a guiar a sua direção. Com essa bússola, a empresa sempre terá a escolha de seguir ou não naquela direção, mas não poderá mais evitar saber que o cliente mudou, ou está mudando. É ter a coragem de trazer esse término da relação para o dia a dia. É ter à disposição, como profissional de marketing, de acordar todas as manhãs e dizer para si mesmo: "eu sei tudo o que poderia saber sobre meu cliente até ontem, mas hoje é um novo dia. É uma nova oportunidade de aprender com maior profundidade quem ele é, do que ele necessita, como minha empresa pode contribuir com ele... **HOJE!**".

É considerar o cliente em primeiro lugar como uma pessoa, viva e mutável. E olhar para essa pessoa como um universo a ser desvendado diariamente. É nunca dizer: "eu sei tudo!".

Bobagem o que digo? Pergunte para empresas do segmento fotográfico que acharam que fotografia digital era algo de segunda importância, que não tinha qualidade suficiente para que o cliente trocasse algo tangível e real como um papel por arquivos em um HD. À época, talvez nem o cliente tivesse essa clareza. Mas o "nunca" virou agora.

Se você chegou até aqui comigo, talvez seja hora de olhar um passo além no relacionamento. Porque, afinal, *relacionamento é também um estudo sobre si mesmo*. Sobre o que a empresa faz e para quem faz. Abrir a porta para o relacionamento é andar primeiro por um terreno desconhecido, onde não existem respostas certas ou erradas, e descobrir que há algumas barreiras no caminho.

A primeira dessas barreiras **é tomar consciência de que existem situações que a própria empresa decide não ver**. É escolher ignorar que comprar com um custo muito baixo pode estar gerando na outra ponta subemprego ou uma extração não regulamentada de recursos.

A segunda barreira é a **natural rejeição de um relacionamento mais próximo com o cliente**. Porque, afinal, é fácil montar uma central de atendimento para afastar a voz do cliente da empresa, e muitas vezes necessário para que a empresa possa respirar; mas deixar que isso permaneça assim é como matar o mensageiro porque ele não traz boas mensagens.

A terceira barreira é **a compreensão de que as coisas têm uma ligação maior do que podemos perceber**. É achar que estamos isolados no nosso mercado, no nosso país, no nosso continente...

Quer compreender melhor o que escrevo? Pare de ler por um instante e olhe ao seu redor; tente então perceber quantas coisas vieram de um raio de até 100 km de onde você se encontra agora. Provavelmente poucas, não? **O que todo empreendedor e toda empresa (na soma das pessoas que lá trabalham) buscam é a verdadeira expressão de si mesmo**. É poder colocar diariamente em prática aquilo que se gosta e se sabe fazer de melhor.

E estamos ainda longe disso. A prova: tamanha é a loucura a que chegamos no nosso dia a dia que autores como Domenico De Masi escreveram sobre o "Ócio Criativo", a importância de se parar de tempos em tempos para que se possa fazer aquilo que se gosta. Isso me fez perguntar: "então o que estamos fazendo no dia a dia? É o que não gostamos?". Melhor parar antes que seja tarde...

Se estamos hoje falando mais sobre o que está dentro do que sobre o que está fora, isto é, o cliente como um reflexo de nós mesmos, então é tempo de olhar para mais alguns obstáculos internos, que estão dentro de nós e muitas vezes não queremos ver. *Enxergá-los e vencê-los é o caminho para ir em busca de uma melhor expressão de si e, portanto, do outro.*

O primeiro desses obstáculos internos é o **ORGULHO**. O orgulho é o primeiro grande entrave que inibe a possibilidade de reconhecermos quais pontos dentro da empresa podem ser melhorados. Afinal, quem quer olhar no espelho e ver uma imagem torta. Uma coisa é ler os relatórios do SAC e arrumar desculpas que apontam falhas no cliente, em como ele não entende o que fazemos. Mas outra coisa é ouvir as reclamações sem críticas e conseguir separar o que é verdadeiro do que não é. Talvez o cliente esteja equivocado em alguma coisa, sim; mas se isso nos incomoda como empresa, então ainda há algo para ser olhado e melhorado.

O segundo obstáculo é a natural resistência do ser humano a mudanças, ou o que poderia chamar de **VONTADE PESSOAL**. O mundo muda a cada instante, mas tentamos criar um mundo de faz de conta, em que tudo permanece igual para sempre. Pior, a vontade pessoal é uma natural resistência quando se fala de mudanças. Afinal, se a empresa começa a tomar consciência do impacto que ela veio gerando até agora no relacionamento e em última instância no cliente, quem é que quer assumir essa encrenca?

O terceiro e último obstáculo é o natural medo. **O MEDO DO DESCONHECIDO**. Ultrapassar o medo é o próximo passo no relacionamento. É seguir sem a garantia de que tudo será conforme o planejado e o esperado. É o "meio" da relação. É saber que nem tudo sabemos. É entregar-se para algo que está além da racionalidade. A relação com o cliente não pode ser toda explicada em planilhas e cálculos. Uma parte dela pode, mas outra parte está baseada em confiança. É a abertura para a leveza.

Não, não é fácil, admito. Mas quem disse que relacionamento é uma coisa simples?

O verdadeiro relacionamento entre empresa e cliente (assim como tantos outros na vida) é uma experiência de humildade. Acho que um dos maiores exemplos que já vi a respeito foi a decisão de Steve Jobs de baixar o preço do iPod poucas horas antes do lançamento do produto. Para mim foi o reconhecimento de que: "ok, erramos, todas as planilhas que fizemos, cálculos e pesquisas, estudos e tudo mais estava errado, ou pelo menos 'não tão preciso'. Nosso cliente está aqui, na rua, na nossa frente, mas não é a mesma pessoa que pensamos que ele era quando estávamos no escritório. Precisamos fazer uma correção de rota. Agora!".

Quantas empresas teriam a humildade e a coragem de tomar uma decisão desse tipo?

14 - COMO SAIR DA CURVA COM NATURALIDADE

QUASE ao final do livro, vou chegando à conclusão de que o bom relacionamento (seja entre empresa e clientes, funcionários, fornecedores, governo, sociedade etc.) é ao mesmo tempo um caminhar para fora e um caminhar para dentro. É uma descoberta do mundo lá fora e do mundo aqui dentro.

Olhar apenas para dentro é criar uma empresa "ego-cêntrica", voltada ao redor de si mesma, de seus problemas e de suas necessidades, sem compreender seu impacto na sociedade. Olhar apenas para fora é criar uma empresa "ex-cêntrica", que vive com base apenas nas opiniões externas, de pesquisas, leituras de potencial de mercado, prêmios ou indicadores externos de sucesso, perdendo a perspectiva de si mesma.

Para dar minha visão, diria que *o melhor ponto é aquele em que o externo e o interno se tocam*. É o momento em que a empresa busca em primeiro lugar uma boa relação com seus clientes (afinal, é para eles em última instância que os produtos e serviços serão entregues), mas ao mesmo tempo respeita a si mesma. Conhece suas habilidades e capacidades. Tudo isso, naturalmente, pode mudar ao longo do tempo – afinal, *a única constante no mundo é a mudança* –, mas a empresa tem certa clareza de seu papel no mundo. Seja em sua localidade, em seu estado, em seu país.

Se, neste momento, você tem alguma dificuldade de saber por onde começar ou para que direção ir no relacionamento com seus clientes, fique apenas com uma busca por deixar um legado positivo. É o que os orientais chamam de "karma que liberta".

Para essa "referência inicial" da empresa que queremos ser, vamos a um exemplo. Imagine uma empresa alemã que veio produzir papéis decorativos no Brasil. Ela terá, muito rapidamente, algumas referências acessíveis para se basear ao se construir. Olhando para a Alemanha, poderia trazer: precisão, durabilidade, persistência para produzir o melhor. Olhando para o Brasil, poderia incluir a beleza natural, o calor humano a exclusividade de nossa fauna e flora. E, somando todas essas referências, teríamos um papel tão bonito e preciso que imitaria o desenho e as ranhuras de uma árvore milenar brasileira, mas sem ter havido a necessidade de reduzir um centímetro de nossas florestas nativas. E mais: a certa distância, as pessoas diriam que é uma perfeita madeira de lei!

Esta é a beleza do autoconhecimento. É saber de onde estamos partindo e o que isso pode contribuir conosco. Olhando para aquele conto Cherokee[1] dos dois lobos, é alimentar o

---
[1] Tribo do Povo Nativo Norte-Americano do Leste dos Estados Unidos

Lobo Bom. Ao mesmo tempo em que temos nossas referências positivas, é preciso também ter a clareza de que o Criador é, afinal, alguém criativo! Decidiu colocar dentro de cada um de nós o Bem e o Mal. Ou você acha que esse conto americano surgiu do nada?

É começar a compreender que – sem julgamento de valor – o mal é aquele jogo social de soma zero... para menos. É construirmos um modelo de produção e consumo no qual alguém sempre sai perdendo. Enquanto o bem é a compreensão de que todos somos parte do mesmo todo. É entender que, quando um perde, todos perdem.

Para citar um exemplo pessoal, parado no trânsito dentro de um táxi outro dia, vi uma pichação na parede ao lado que dizia: *"Você É o trânsito"*. Uma frase simples, mas que me trouxe uma profunda reflexão. Afinal, se eu estou no trânsito, eu também sou o trânsito!

Poderia discorrer neste último capítulo por pelo menos mais quatro ou cinco páginas. Mas preferi finalizar com dois conselhos que posso dar a partir de sobre meu próprio aprendizado quando se fala de relacionamento.

O primeiro é a necessidade do **AUTOCONHECIMENTO**. Acho que uma boa citação disso é o filme **Matrix**, no qual há um momento que, para mim, ilustra isso muito bem.

É aquela cena em que o Neo (o ator principal) interage com o Oráculo. A câmera então aponta para uma frase que está acima da cabeça dele: "Conhece-te a ti mesmo". Essa é a chave. **O autoconhecimento para mim é a "ferramenta" que permite a compreensão do outro a partir de si mesmo**. É como um "atalho" ao relacionamento perfeito.

O segundo é a **HABILIDADE** – eu chamaria até de maestria – de **saber equilibrar o que acontece dentro e o que acontece fora**. Citando novamente o Steve (o Jobs, claro), acho que à sua maneira ele sabia, mutuamente, aproveitar e ignorar o que estava acontecendo ao seu redor.

Encerro agradecendo a você por ter chegado até aqui comigo. E desejando-lhe sinceramente relacionamentos que ampliem a sua vida e a sua percepção.

Namasté!

ANTES DE NOS DESPEDIRMOS

"ANTES de nos despedirmos, gostaria de reforçar meu convite para que permanecemos conectados de alguma forma. Deixo abaixo meus principais canais de interação:

- **Blog na Exame** - http://exame.abril.com.br/blog/relacionamento-antes-do-marketing/ - que escrevo semanalmente juntamente com meu sócio Marcio Oliveira

- **Linked-in** - www.linkedin.com/in/lbarci

- www.youdb.com.br – página web da **youDb**, empresa que fundei, com objetivo de contribuir com um melhor relacionamento entre Empresas e Clientes

- www.facebook.com/youDb/ - página da **youDb no Facebook**

Leonardo Barci
leonardo@barci.com.br

Este livro foi patrocinado pela *youDb*, uma empresa que busca, por meio da habilidade de juntar razão e emoção, contribuir para que as empresas construam relacionamentos sustentáveis, íntegros, mensuráveis e duradouros entre todas as pessoas envolvidas no negócio: clientes, colaboradores, acionistas e a comunidade. Para saber como colocar em prática os conteúdos e aprendizados trazidos pelo autor, entre em contato com:

www.youdb.com.br
contato@youdb.com.br
011 3078.3203
R. Florida, 1758 – 11º andar – São Paulo – SP - 04565-912 - *Brazil*

MIND THE GAP – POR QUE O RELACIONAMENTO COM CLIENTES VEM ANTES?

Neste livro, ao mesmo tempo divertido e levemente técnico, você encontra o caminho para pensar e repensar o mercado e a sua atuação em marketing, num texto que reúne romance, suporte teórico e algumas referências práticas de mercado.
Escrito para pessoas de marketing por profissão ou por paixão, que escolheram esta área do conhecimento como forma de expressão.

49 REFLEXÕES SOBRE MARKETING & NEGÓCIOS

Há alguns anos comecei a ficar incomodado e a questionar a forma de se trabalhar com marketing e comunicação. Meu questionamento está baseado principalmente no quanto essas atividades estão colaborando para aumentar o que chamo de GAP entre o que uma empresa diz que é (ou quer ser) e a sua prática real diária no relacionamento com seus clientes.

Desde então, resolvi registrar algumas frases e pensamentos que surgiram naturalmente em bate-papos, reuniões, projetos e nos momentos que costumo chamar de "reflexões da cafeteria".

O objetivo deste livro é compartilhar 49 dessas frases e reflexões, que trazem muito sobre a minha visão de marketing, relacionamento e negócios.

E por que 49? Simplesmente porque 50 seria óbvio demais.

www.ingramcontent.com/pod-product-compliance
Lightning Source LLC
Chambersburg PA
CBHW030755180526
45163CB00003B/1037